사회복지사의 글쓰기 365일

심윤무

KNOWLEDGE COMMUNITY 공동체

|머리말|

미국의 32대 루즈벨트 대통령은 “어떤 결정을 내릴 때 가장 좋은 선택은 옳은 것을 하는 것이고, 그 다음 좋은 선택은 잘못된 일을 하는 것이며 가장 안 좋은 선택은 아무것도 하지 않는 것이다”라고 말했습니다.

사람은 누구나 가장 좋은 선택을 하기 바랄 것입니다. 저 또한 그렇습니다. 그러기에 “별을 보며 꿈을 꾸는 그런 하루를 살아야겠다. 스스로 행복해지는 방법을 찾아야겠다”라고 바쁘게 사는 삶 속에서 끊임없이 다짐했습니다.

“지락 불여독서至樂不如讀書”라는 말이 있습니다. 세상에서 가장 큰 즐거움은 배우고 익히는 것이라는 뜻입니다. 하지만 배우고 익히는 것으로 끝내서는 진보가 없습니다. 그것을 세상에 녹여내는 것 또한 중요하다고 생각합니다. 그래서 첫 번째 『사회복지직 공무원으로 살아가면서 알아야 할 40가지』에 이어 두 번째 책을 내놓기로 했습니다.

<순간> - 호르헤 루이스 보르해스, 나이 80을 넘기면서 쓴 글
“더 많은 실수를 저지르리/ 완벽해지려고 버둥거리지 않으리.”

이 책은 삶의 자세와 글쓰기를 한꺼번에 배울 수 있으며,

모두 7장으로 구성되어 있습니다.

제1장은 사회복지사의 생각을 정리했고, 제2장은 사회복지사가 글쓰기를 해야 하는 이유를, 제3장은 글쓰기 용도를 상세하게 설명했습니다.

또한 제4장은 책을 쓰고자 하는 사회복지사를 위해 글쓰기의 처음부터 끝까지 상세하게 기록하였고, 제5장은 사회복지사가 대학원 진학 시 필요한 학위논문 작성법을, 제6장은 현장에서 필요할 때마다 꺼내 쓸 수 있는 인사말·기획서·보고서·보도자료·칼럼 작성법과 씨앗문장을 활용할 수 있도록 하였습니다.

마지막으로 제7장에서는 작가로서 어떻게 삶을 살아갈 것인가를 생각해 보았습니다.

이 책이 등대가 되어 사회복지사가 망망대해와 같은 삶을 살아가는데 제대로 된 방향을 이끌어 줄 수 있었으면 좋겠습니다.

온갖 정보가 넘치는 시대에 사회복지사에게 필요하고 절실한 이야기를 꿰어보고자 했습니다. 사회복지사인 당신에게도 글쓰기를 권유합니다. 사회복지사로 살면서 글쓰기를 해야 하는 이유는 자신이 몸담고 있는 현장에서 이야기를 쓰고 다듬는 과정을 통해 자기 일과 자신을 돌아볼 수 있기 때문입니다. 매일 조금씩이라도 글을 쓴 사람을 일주일 뒤에 다시 만나면, 다른 사람이 되어 있습니다. 그 사람은 글 쓰며 성찰했을 겁니다. 성찰하는 사람에게 미래가 있습니다. 성찰의 좋은 도구가 글입

니다. 글 쓰는 사회복지사에게 미래가 있습니다.

'살아지는 삶'보다 '살아내는 삶'이 많아지기를 바랍니다.

끝으로 깊은 지식과 '사람다움', '사회다움'을 가르쳐 주신 채구묵 교수님, 하승민 교수님, 김조년 교수님, 김세진 선생님께 감사를 드립니다. 아울러 부족한 원고를 훌륭한 책으로 만들어 주신 도서출판 공동체의 김동훈 대표, 김동근 전무이사, 원광대학교 박사과정 도향선 그리고 책이 나오기까지 도움을 주신 모든 분들에게 감사의 뜻을 전합니다.

2016년 9월

가을이 오는 길목에서

심윤무

|추천사|

『사회복지사의 글쓰기 365』를 읽고

김조년

살다가 만나는 사람들 중에 가끔 우리에게 '이 사람은 주어진 24시간이란 시간을 아주 훨씬 초월하여 사는 사람이구나' 하는 느낌을 가지게 하는 이들이 있다. 똑같이 주어진 그 시간인데, 어떻게 저 많은 일들을 그 시간 안에 해내는가 하는 의문이다. 그러고 가만히 곁에서 살펴보면 아하, 그래서 그렇게 했구나 하는 깨달음을 가지게 한다. 심윤무 님이 그중 한 사람으로 보인다. 그는 내가 보기에 '사회복지 작가'다. 작가는 끊임없이 자기 분야의 문제와 씨름하면서 고민한 것을 글로 나타내는 사람이다. 그렇게 하여 마치 거미가 움직이면 자기 몸에서 실을 뽑아 그물을 짜듯이, 그가 움직이는 곳에는 언제나 글이 만들어진다. 그러니까 그를 아는 사람들은 "또 책을 냈어!" 하고 놀란다.

그는 자신이 경험하고 생각하고 듣고 찾은 것을 꼼꼼히 챙긴다. 그러나 마구 모든 것을 바구니에 주워담는 것이 아니라, 필요한 것, 언젠가 잘 쓰일 것을 찾아서 담는 귀한 재능을 발휘하는 듯하다. 그렇게 담은 재료를 매일 매 순간 정리한다. 여기저기에서 찾은 구슬을 한 두 개의 실에 꿰어 보배로 만든다. 그렇게 하여 한 권의 책이 만들어진다. 제목 그대로 '글쓰기 365일'이다. 아니다. 틈의 글쓰기요 티끌의 글쓰기다. 그에게만 한 시간, 하루가 더 주어진 것이 아니라, 틈을 비집고 들어가는 지혜와 삶이 훈련된 것을 발견한다. 날카롭고 민감한 낚시꾼 같은 감각으로 글감을 찾아 채트린다. 그렇다고 일부러 낚시터를 찾고, 고기가 몰리는 곳을 찾아 나서는 것 같지는 않다. 그냥 자신이 일하고, 만나고, 보고, 읽고, 살아가는 그곳이 곧 글감낚시터다. 그 삶의 자리에서 끊임없이 작은 노트에 적고 담는다.

이렇게 하여 만들어진 이번 이 책은 그가 어떻게 글감을 모으는가? 어떤 주제를 삼아서 글을 정리하는가? 어떤 것이 사람이, 사회복지사가 할 일인가? 그것을 어떻게 처리할 것인가? 어떤 책을 읽고 누구를 만나고, 그것을 어떻게 갈무리하는가 하는 자신의 경험이 고스란히 나타난다. 일상이 곧 글감이다. 일상이 곧 글쓰기다.

네 자녀의 육아일기를 써서 그들이 결혼할 때 선물한 어떤 아버지의 일을 생각한다. 그는 이제 막 태어난 자기 아이의 육아일기를 성장할 때까지 썼다. 그것도 한 아이가 아니라 네 자녀의 육아일기를 다 썼다. 그것을 꼬박 챙겨두었다가 결혼하여 독립된 가정을 꾸릴 때 선물로 주었다. 태어나서 그때까지, 매일 똑같은 일이, 행동이 반복되는 것을 놓치지 않고 쓰는 동안 그 아이들이 탁월하게 다르게 매일 달라지는 것을 발견한다. 나도 사실 육아일기를 쓰고 싶었다. 일주일 하다가 포기했다. 항상 똑같은 것, 먹고 마시고 울고 싸고 자고 또 기저귀 갈고, 옷 입히고 안아주고 재우고 깨고 어느 것 한 가지도 새로운 날 새롭다는 것을 쓸 수가 없었다. 그래서 그만두었다. 그런데 일기를 쓰지 않는 일주일 뒤 아이는 많이 달라졌다. 그때 새롭게 시작하려니 그 이전 과정이 빠졌다. 그래서 포기하였다. 결국 육아일기는 영 쓰지 못하고 말았다. 그런데 그 아버지는 네 아이의 성장기를 꼬박 챙겼다. 그도 직장이 있었고, 부모가 계셨고, 사회에서 사람들을 만났다. 별도의 시간이 따로 주어진 것도 아니었다. 그런데 그렇게 했다.

똑같다는 그 일이 탁월한 새로운 일이다. 그 일 하나가 귀한 보배다. 그것은 그냥 쌀 한 톨과 같다. 그것으로는 밥이 되지 않는다. 그러나 그 한 톨 한 톨이 모여 한 바가지가 될 때 아주 훌륭한 밥이 될 수 있다. 날카로운 눈으로 볼 때, 온 천지가 다 글감이다. 이 책을 읽다 보면 그것이 눈에 훤히 보일 것이다. 읽고 쓰는 이에게 축하한다.

|차 례|

제1장
사회복지사의 생각

제2장
사회복지사의 책무, 글쓰기

제3장 글쓰기의 용도

제4장 전략적 글쓰기 : 글쓰기의 처음과 끝

제5장 사회복지대학원 학위논문 글쓰기

제6장 현장에서 직접 활용하는 글쓰기 사례

제 7 장

작가로서의 삶을 살다

제 1 장

사회복지사의 생각

제1장 사회복지사의 생각

1. 미래의 사회복지와 사회복지사

변화는 외부의 자극에 의해 오는 게 아니라 자기 내부에서 시작되어야 합니다. 아무도 우리 삶을 변화시킬 수는 없으며 사회복지사 스스로 적극적으로 길을 열고 나가야 대한민국에 희망이 있습니다.

어두운 곳을 밝히고, 대한민국에 희망을 전하는 일을 하는 사회복지사는 다양한 사회복지현장에서 일하고 있습니다.

첫째, 공무원 혹은 공공부문에는 9급 사회복지직 공무원, 7급 행정직(사회복지), 5급 행정고시(사회직), 교정직(사회복지사 채용), 병영생활전문상담관(국방부)이 있고,

둘째, 병원·정신보건시설분야에는 의료사회복지사, 정신보건사회복지사가 있습니다.

셋째, 영유아보육·아동복지분야에는 보육기관의 장, 보육교직원, 아동양육시설의 생활지도원, 생활복지사, 지역아동센터의 시설장, 아동복지교사, 공동생활가정의 시설장, 보육사가 있고,

넷째, 청소년분야에는 학교사회복지사·교육복지사, 청소년상담사, 청소년지도사가 있습니다.

다섯째, 여성·가족복지분야에는 건강가정사, 가정폭력전문상담원 + 가정폭력상담소, 성폭력전문상담원 + 성폭력상담소 상담원, 건강가정지원센터, 다문화가족지원센터의 담당자가 있고,

여섯째, 노인복지시설분야에는 양로시설의 사회복지사, 노인요양시설의 센터장과 사회복지사, 노인복지시설의 센터장과 사회복지사, 노인종합사회복지관 사회복지사가 있습니다.

일곱째, 장애인복지분야에는 장애인직업재활시설, 장애인거주시설, 장애인공동생활가정의 사회복지사, 장애인활동보조인지원센터 + 장애인활동보조인, 수화통역지원센터 + 수화통역사, 점역사, 장애인종합사회복지관, 장애인이동지원센터의 사회복지사 등이 있고,

여덟째, 지역복지·자활분야에는 종합사회복지관의 사회복지사, 지역자활센터의 사회복지사가 있습니다.

아홉째, 엔지오·시민사회단체분야에는 복지운동가, 인권운동가, 국제사회복지사가 있고,

열째, 사회보험공단에는 국민연금공단, 건강보험공단, 고용보험(노동부), 산재보험(근로복지공단), 노인장기요양보험(건강보험공단) 등의 종사자가 있고,

열한째, 연구기관이나 대학교에는 연구기관 연구자, 복지재단 연구자, 교수 등이 있습니다.

'사회복지는 어느 사회에서나 있었지만, 우리나라에서 사회복지사라는 직업이 생긴 것은 길게 잡아 100여 년이 될 것이다'라고 광주대학교 사회복지학부 이용교 교수는 말씀하셨습니다.

한편 자신의 글에서 '좋은 농사를 짓기 위해서는 땅에 씨앗을 뿌리고, 물 · 바람 · 햇빛 · 거름의 조화가 필요하듯이, 행복한 세상을 열어가는 사회복지사는 스스로 노력하고 시대의 운을 타야 한다'고 했습니다. 그러면서 '미래를 읽고 빨리 실천하며 지속적으로 노력하는 사람만이 꿈을 이룰 수 있다'라고 하였습니다.

꿈을 꾸고 도전하면 시간이 해결해 준다고 합니다. 목표를 세우면 목표가 나를 이끌듯이 3년, 5년, 10년 의미 없이 보내지 마시고 뭐든지 도전해 보시기 바랍니다.

'미래의 사회복지'라는 글이 사회복지사라면 꼭 알아야 할 내용이기에 이 책을 통해서 소개하고자 합니다(이용교, 2015).

사회적 약자를 포함하여 온 국민의 복지를 추구하는 사회복지사의 본질은 달라지지 않겠지만, 사회복지사의 일터는 9가지 방향으로 달라질 것이라고 합니다.

첫째, 사회복지의 국제화가 진행될 것입니다.

둘째, 사회복지의 지역화는 빠르게 진행될 것입니다.

셋째, 복지의 주된 대상이 아동, 빈민에서 노인, 장애인, 노동자 그리고 전체 시민으로 그 강조점이 바뀔 것입니다.

넷째, 복지의 전달방식이 오프라인에서 온라인으로 확장되고, 온라인의 비중이 더욱 커질 것입니다.

다섯째, 사회복지사의 소통 능력이 핵심 역량이 될 것입니다.

여섯째, 다수의 사회복지사는 점차 케어와 치료에 집중할 것입니다.

일곱째, 사회복지사의 역할이 전문화되면서도 거의 무한대로 확장되기에 사회복지사는 사회복지학뿐만 아니라 인접분야와 융합될 수 있는 능력이 강조될 것입니다.

여덟째, 사회복지사가 소득을 획득하는 직업을 가지면서도 '자비량'으로 사회복지를 하는 경우가 늘어날 것입니다.

아홉째, 사회복지시설과 사회복지단체 그리고 사회복지법인의 지속가능성을 높이는 조직관리, 인사관리, 재무관리 등에 대한 전문성이 더욱 요구될 것입니다.

자신이 속한 사회복지분야에서 의미 있는 일들을 해보려면,

해외자원봉사 경험 쌓기, 지역사회에 바탕을 두고 사회적 약자 등 주민들과 소통능력 키우기, 자신만의 '현장(필드)' 갖기, 현장 글쓰기, 온·오프라인을 조화시킬 수 있는 능력 키우기, 찾아가는 서비스와 시민의 욕구에 맞는 새로운 서비스를 개척하기, 청소년상담사 등 인접분야 전문가와 협력하기, 외국어와 문화적 감수성 키우기, '자비량' 사회복지 해보기, 법인과 시설의 지속가능성 모색해 보기 등입니다.

사회복지사는 우리가 맡고 있는 사회복지분야에 대해 무거운 사명감과 책임감을 가지고 일해야 합니다. 자기 업무에 대한 책임성과 사명감 그리고 전문성을 좀 더 늘리기 위해서는 공부해야 합니다. 학습 없는 진보는 없기 때문입니다.

헨리 워드 비처(Henry Ward Beecher)는 어떤 분야에서든 유능해지고 성공하기 위해서는 세 가지가 필요하다고 했습니다. 타고난 천성과 공부 그리고 부단한 노력입니다.

모든 사람이 공부하고 노력한다고 성공하는 것은 아니지만 가난하게, 부족하게는 살지 않습니다.

지금 상황을 이유로 무언가를 하려는 생각을 뒤로 미루지 마십시오. 1년 후, 5년 후, 10년 후의 삶은 완전히 달라져 있을 것입니다. 즐기려면 배우고 익혀야 합니다.

꽃이 피질 않을 걸 알면서도 척박한 땅에 꽃씨를 뿌리는 사회복지사가 되어야 하겠습니다.

2. 사회복지사의 고백

신이시여!
저는 사회복지사입니다.
하늘이 내어준 천직 맞습니까?
의문이 들 때가 많습니다.

사회복지사로서
어려운 이웃들이 감당하기 힘든 일을 만날 때면
충분히 마음을 헤아려야 하는데
바쁘다는 이유로,
지원기준이 부합하지 않는다는 이유로,
그냥 돌려보내거나 관계에 소홀하였습니다.

사회복지사로 살아가면서
무의식적으로 내 마음의 기준을 세워놓고
살아가는 삶을 반성합니다.
그 마음이 그들에게 그대로 전달되고 있음을 느낍니다.

당신께서
그래도 이제까지 잘해왔다고,

귀한 나눔, 귀한 실천하였다고 하신다면
그래도 조그마한 위안을 얻습니다.

저는 사회복지사입니다.
어제도 그래왔지만, 오늘도
남녀노소, 빈부강약 더불어 사는 마을
좋은 이웃 한 사람만 있어도 살 만한 마을
그런 마을을 꿈꾸며 실천하고 있습니다.

고민이 가득한 당사자의 모습을 바라보며 근무하고 있으니
미안하고 고맙습니다.

사회복지사하길 참 잘했습니다.

- 심윤무, 2004년 사회복지현장에서 수첩에 적은 글

우리는 사회복지사입니다. 사회복지사가 제 직업입니다. 제가 직업으로 사회복지사를 선택했으면 제가 하고 있는 이 직업이 가장 좋고, 모범적이며, 윤리적인 것에 가깝게 가고 싶은 욕심이 있습니다. 그런 직업적인 윤리와 직업적 자부심을 가지고 살아가고 싶습니다.

사회복지사들이 이 세상을 사는 많은 사람들에게 존중받고 그 일에 대해서 존경을 받는 직업군이길 바라고 또 바랍니다.

사회복지현장에서 심장이 뛰는 일을 하는 저는 행복한 사람입니다. 그런 일이 반복되고 지속될 때 당사자의 삶과 사회복지사의 삶도 달라질 거란 확신이 있습니다. 그뿐 아니라 영혼은 더욱 숨 쉬고 좋아할 것입니다.

3. 전문가라는 말의 용도

'전문가'는 사전적 의미로 어떤 분야에 대한 전문적 지식 · 기술이나 경험을 가진 사람을 말합니다. 『복지야성』 한덕연 선생님의 글에서는 전문가란 보통 사람이 할 수 없는 특별한 일을 특별한 지식과 기술로써 하는 사람, 특정 분야에 남다른 실력과 철학을 가진 사람이라고 정의하고 있습니다(한덕연, 2013).

또한 그린우드(Greenwood)는 '속성론'에서 전문가는 체계화된 지식기반과 기술을 갖춘 체계적인 이론, 윤리강령, 전문적인 권위, 사회적인 승인 그리고 공유된 전문적 가치와 규범 있는 전문직 문화 다섯 가지의 요소를 갖추어야 한다고 말하고 있습니다.

그렇다면 사회복지사도 전문가일까요? 왜요? 대학교에서, 학점은행제에서, 사이버 학사과정을 통해 사회복지를 전공했기 때문일까요? 사회복지에 대한 이론을, 그것도 검증하거나 일반화하기 어려운 이론을 조금, 그것도 어설프게 2년 또는 4년간 배운 사람들이요?

지금도 사회복지실천 현장에서는 '환경 속의 인간', 즉 환경 속에서 사람을 이해하고 그 생태를 헤아려 돕는 '생태체계적 관점'을 활용하는 사람, 기획서 작업능력이 탁월하여 사회복지공동모금회, 삼성복지재단, 어린이재단 등을 통해 자원을 많이 끌어오는 사람, 당사자와 함께 이것저것 알아보고, 계획하며, 환경을 조정하는 일들을 하는 '사례관리'를 잘하는 사람들을 전문성이 있는 사회복지사인 양합니다.

필자는 학부 4년, 석사 2년, 박사 3년의 과정을 거쳤지만 남다르게 갖춘 지식과 기술도 없고, 내가 하는 일도 사회복지사가 아닌 사람들도 타고난 성품만 좋으면 누구나 할 수 있는 일이라 생각합니다. 사회복지는 경험으로써 터득하는 일이 많습니다. 그러니 전문가라 말하기는 더욱 어렵습니다. 9년 이상 사회복지를 공부하였고, 10년 이상을 공공사회복지 현장에서 밀도 높은 경험을 했다지만 대단한 실질이 없으니 보통사람들도 할 수 있는 일이라 생각이 듭니다. 단지 전공하지 않은 사람이 사회복지사업을 하면 클라이언트와의 관계를 맺는 어려움과 기술적 접근에 약간의 한계가 있을 뿐입니다.

"사회복지는 마음만 먹으면 아무나 할 수 있는 것은 아니다. 사회복지는 특별한 능력이 있어야 할 수 있다"라고 말하는 사람들은 그 '전문가'라는 용어 사용에 주의를 기울여야 합니다. 의사·변호사를 비롯한 다른 전문직은 많이 배우고도 또 현장에서 극한 실무를 맡아가며 일합니다. 그들이 자신을 전문가라고 표현하는 것도 들어보지 못했을 겁니다. 자칭할 수 있는 표현도 아닙니다. 전문가라는 용어에 신중해야 하고 꼭 써야 한다면 자기성찰에 쓰는 잣대로 활용해 보시기 바랍니다.

제가 생각하는 사회복지 전문가는,

- 남과 다르게 특별히 잘하는 것, 남보다 월등하게 나은 점 등 수월성이 있는 사람이 아니고,
- 매 순간 어려운 이웃들이 어떻게 살고 있는지를 마음으로 느끼고, 생각하며, 소외된 사람들의 입장을 깊이 헤아릴 수 있는 사람,
- 감당하기 어려운 일이 발생할 때,
- 자신이 가진 자원을 가지고 스스로 해결할 수 있도록 도와주는 사람,
- 혼자 해결이 어려울 때는 지역사회로 하여금 서로 돕고, 해결할 수 있도록 주선하고 거들어 주는 사람, 끝까지 '삶'이게 도와주는 사람,
- 약자도 살 만한 지역사회, 소외받는 이웃이 없는 지역사회, 인정이

있어 누구라도 정붙이고 살 만한 지역사회를 만들기 위해 노력하는 사람, 희망의 총량을 늘리는 사람,

- 자기실천과 생각을 다듬으며 현장을 돌아보는 일들을 기록하는 사람입니다.

사회복지사가 전문가로 인정받으려면 자기실천을 기록으로 남기는 일을 게을리해서는 안 됩니다.

4. 사회복지사의 오만함

오만함이란 사전적 의미로 건방지고 거만하다는 뜻입니다. 전문가라는 자아의 가면(페르소나)을 쓴 채 당사자의 손과 발을 꽁꽁 묶었습니다. 후회가 됩니다. 살아 있는 한 끝까지 '삶'이게 도와주었어야 하는데, 사회복지사와 당사자의 동등한 관계가 아닌 우위에 서 있는 느낌을 전달하거나, 권위를 내세운 것 같습니다. 당사자의 마음을 헤아리기 위한 '잘 듣기'와 당사자의 상황과 사람살이를 이해하기 위한 '잘 여쭙기'에 소홀했습니다. 이런 나의 오만함과 성숙하지 못한 대처행동을 고백하고 반성합니다.

살아 있는 한 끝까지 '삶'이게

"미주가 생각하는 병원은 그랬다. 침울한 표정으로 딱딱한 의료조치만 받는 곳. 오직 병에 찌들려 몸만 내맡기고 있을 뿐, 웃음도 삶도 없는 곳. 미주는 그런 시간이 너무나 아까웠다. 그렇게 마지막을 맞고 싶

지 않았다. 살아 있는 한 끝까지 삶이고 싶었다. 그 어떤 이유로든 삶의 주연에서 조연으로 떨어지는 것, 능동적인 의지에서 수동적인 자세로 바뀌는 것, 그것은 정말로 힘든, 더 없이 어리석은 짓이었다."

「국화꽃 향기」(김하인 씨 소설) 주인공 미주는 위암 말기 환자입니다. 죽어 가면서도 끝까지 품위와 자존심과 사랑과 관계와 삶을 지켜내려 합니다. 그런 미주한테서, 살아 있는 한 끝까지 삶이기를 사람이기를 인간이기를 바라는 절규로 들었습니다. 사회복지사 앞에 선 약자의 절규로 들렸습니다.

- 한덕연, 『복지야성』 중에서

사회복지사는 법적으로 위임된 법적 업무를 수행하고 있습니다. 사회복지사업법상 법적 의무에는 최대봉사의 원칙과 비밀누설 금지의 의무가 있습니다. 최대봉사의 원칙이란 복지업무에 종사하는 사람은 그 업무를 행함에 있어서 사회복지를 필요로 하는 사람을 위하여 차별 없이 최대로 봉사하여야 한다는 것이고, 비밀누설 금지의 의무는 사회복지사업 또는 사회복지업무에 종사하였거나 종사하고 있는 자는 그 업무수행의 과정에서 알게 된 다른 사람의 비밀을 누설하여서는 안 된다는 것입니다. 그 의무를 준수하고 지켜야 합니다.

사회복지의 주 대상은 약자입니다. 여기서 약자란 그 사회 여느 사람에 비해 또는 다른 계층·집단에 비해 상대적으로 약한 쪽에 속하는 사회적 약자와 특정 상황·사안에 따라서는 사회복지의 대상이 될 수 있는 상황적 약자가 있습니다. 약자라 말하기도 조심스럽지만, 그 약자들에게 '설명하고, 묻고, 의논하기'를 생략하거나 동의 없이 클라이언트로 선정해서 원하지도 않는 그들의 삶에 끼어들기를 하였습니다. 부끄럽습니다.

사회복지사로서 오만했습니다.

또한 당사자의 인생을 변화시키겠다고 어설픈 상담기법으로 다가간다거나, 능동적인 사람을 수동적으로 만들어 버린다든지, 당사자를 삶이 이해하려 하지 않고 절차와 기준만 따진다거나, 당사자를 대상화하거나, 당사자가 주가 아닌 객이 되어버리게 한다거나, 당사자를 어린애 취급, 환자 취급, 종합약자 취급한다거나, 프로포절 명목으로 후원명목으로 대상자로 내세우는 일 등이 오만한 나의 모습이었습니다. 거울에 그대로 비춰졌으나 보지 않았습니다. 내 모습이 추합니다.

당사자가 떠나고 외면하는 사회복지는 없습니다. 당사자 없이는 사회복지할 수 없습니다. 사회복지사의 존재 이유가 사라지는 순간입니다.

직급이 오르면 오를수록 당사자와 멀어지지 않고, 당사자와 함께 일선 사회복지현장을 지키는 사회복지사가 되어야겠습니다.

5. 나는 가슴이 없는 사람

가슴이 뛰는 현장에
나는 가슴이 없는 사람입니다.

하나에 하나를 더하면 둘이 된다고
평생을 그렇게 알고 살아왔습니다.

날 저문 하늘에 별이 보이지 않을 때
인생은 내리막길만 있다고 생각했습니다.

마땅히 해야 할 일들에
나는 생색쟁이였습니다.

해가 뜨는 광경을 처음 보았을 때
인생은 오르막길도 있다고 생각했습니다.

하나에 하나를 더하면 희망이 된다고
이제는 그렇게 살고 싶습니다.

가슴이 뛰지 않는 현장에도
나는 가슴이 있는 사람이 되었습니다.

- 심윤무, 2005년 사회복지현장에서 수첩에 적은 글

인생을 살다 보면 순간을 살아야 한다는 것을 깨닫게 됩니다. 인생의 회전목마처럼 인생은 업(up) & 다운(down)입니다. 오늘도 내일도 아름답게, 예쁘게 살아야 하겠습니다.

6. 하심(下心)은 사회복지사의 위대한 스승

아직도 포장되지 않은 좁고 험난한 이 길
열정과 사명감 없이 누구도 갈 수 없습니다.
하지만 하늘이 주신 천직이라는 믿음으로
기뻐하는 그는 분명 사랑의 천사입니다.

네가 있기에 나도 있다는 만고의 진리 앞에
내가 먼저 미소를 보내고 손잡아 주고
내가 먼저 굽히고 숙이는 낮은 자세로
존경스럽고 자랑스러운 복지사의 하심(下心)

돈도 명예도 권세도 아닌 것을 감사하며
밝음과 맑음을 가슴에 품고 열심을 다하는
좀 모자라는 바보 같은 복지사의 별난 세계
하심(下心)은 사회복지사의 위대한 스승입니다.

job과 vocation이라는 두 단어는 직업이라는 뜻입니다.

job은 밥벌이 수단으로서의 직업을 말하고, vocation은 직업이라는 뜻도 있지만, 천직(소명)을 말합니다.

vocation의 어원은 voice라고 합니다.

voice(목소리)는 소리로 진동을 뜻합니다.

즉, 자기 심장에 진동하는 소리, 울림이 있다면 그 직업은 바로 천직입니다. 당신의 직업은 천직입니까?

7. 최선을 다하는 삶

냇가에 뿌리 댄 나무는 가뭄에도 쉽게 마르지
않고 깊고 넓게 뿌리 내린 나무는 바람에도

흔들리지 않습니다.
실천하며 내린 나의 뿌리는
지금 어디를 향해 자라가고 있을까?

- 사회복지사 권대익

사회복지사만이 아니라 사람은 어떤 일이든 자기가 하는 일을 소중하게 여기고 전심전력을 다해야 합니다. 그러면 남이 나를 믿어주게 됩니다. 기관에서 신용을 얻거나 얻지 못하는 근본은 모두가 자기가 하는 일상적인 생활에서 보여질 수 있습니다.

'역린'은 조선시대 정조가 즉위하고 1년여 뒤인 1777년 7월 28일에 일어난 '정유정변'을 다룬 영화입니다. 여기서 '역린'은 용의 목에 거꾸로 난 비늘을 가리킨다는 뜻으로 자신을 둘러싸고 있는 모든 칼날을 견뎌내고 비로소 정조가 군주로서 한걸음을 딛게 된다는 의미심장한 영화 제목이라 할 수 있습니다.

영화에서 정조의 역할을 한 주인공은 의지를 관철시키기 위해 신하들에게 중용 23장을 말해보도록 주문합니다. 하지만 정확히 말하는 신하는 없었습니다.

그 중용 23장의 내용을 소개합니다.

작은 일도 무시하지 않고 최선을 다해야 한다. 작은 일에도 최선을 다하면 정성스럽게 된다. 정성스럽게 되면 겉에 배어 나오고, 겉에 배어 나오면 겉으로 드러나고, 겉으로 드러나면 이내 밝아지고, 밝아지면 남을 감동시키고, 남을 감동시키면 이내 변하게 되고, 변하면 생육된다. 그러니 오직 세상에서 지극히 정성을 다하는 사람만이 나와 세상을 변하게 할 수 있는 것이다.

- 영화 '역린'의 대사 중

사회복지사들의 일이 소소하다면 소소하고, 사소하다면 사소할지 모르지만 정성을 들여 무시하지 않고 최선을 다해야 합니다. 뭔가 부족한 부분이 있다면 탐구하여야 합니다. 그래야 길이 보입니다. 탐구하는 가운데 맡은 일이 발전해 나갑니다. 도시락을 배달하는 일들처럼 아무리 사소한 일이더라도 그 일을 연구하고 정리하며 진행하는 것이 배운 사람의 자세입니다.

8. 생각과 배움 그리고 실천

> 子曰(자왈) 學而不思則罔(학이불사즉망)하고 思而不學則殆(사이불학즉태)니라.
> 공자께서 말씀하셨다. '배우되 사색하지 않으면 사물의 이치에 어둡고 사색만 하고 배우지 않으면 독단에 빠져 위태로우니라.'
>
> - 논어 · 위정편

학문을 하는 데 있어서는 학(學)과 사(思), 즉 배움과 사유(思惟)가 병행되어야 한다. 배운 지식에 사유가 없다면 단순 지식 쌓기에 그치고 그 지식은 생명력이 없는 죽은 지식이라 할 수 있다. 이처럼 지식이 지혜로 승화되려면 그 지식의 바탕 위에 자기의 생각과 감정, 경험 등이 더하여져야 한다.

그러므로 배운 지식에 대해서는 자기 나름대로 되새김해 보고 생각하여서 그 지식을 자기화시켜야 한다. 이것은 마치 소가 여물을 되새김해서 소화시키는 것처럼 배운 지식을 머리와 가슴에 되새김해서 나의 것으로 만들어야 지혜가 되고 완전한 배움이 되는 것이다. 배우는 방법에는 책, 선생, 사물, 일, 경험 등 다양하다.

- 김충남, 『학문에는 학(學)과 사(思)와 병행되어야』 중에서

생각하고 배우는 것만으로 실천을 잘 할 수 있을까요? 실천이 병행되어야 합니다. 하지만 우리들 세상은 실천하기 어려운 환경에 놓여 있습니다. 우리나라는 '검색천국' 국가로 불리고 있습니다. 대학생의 일주일 평균 독서시간은 3.8시간이고, 평균 인터넷 사용시간은 14.2시간으로 약 3.7배에 달한다고 EBS 집중기획에서는 밝혔습니다. 대한민국 모든 사람이 검색 중입니다. 대화도 없습니다. 버스를 타거나 지하철을 타고 있으면 모두 고개를 숙여 검색에 열중합니다. 마치 미국 드라마에 나오는 좀비와 같습니다. 사색은 실종된 지 오래전 일입니다.

사회복지사인 당신은 지금 검색 중이십니까? 사색 중이십니까? 스마트폰이 보급되면서 생각하지 않고 언제 어디서건 인터넷에 물어보는 '검색만능주의'가 팽배한 실정입니다. 검색을 자주 하게 되면 생각의 힘이 죽어 사유의 어려움을 겪습니다. 자기 삶의 주인으로 살고픈 사람, 내 삶의 주인이 되지 못하는 사람들을 위한 도움을 주는 일을 하는 직업군은 검색을 멀리하여야 합니다. 검색에서는 그 사람의 어려움, 형편, 둘레 자원을 찾을 수 없습니다. 사색이 필요합니다. 사색을 하면 당사자의 생태와 강점이 보입니다.

배움은 새 지식을 얻거나 기술을 익히는 것으로, 새로운 것을 만나 자

기완결성이라고 하는 고정된 관념을 깨는 과정입니다. 우리의 배움은 계속되고 있나요? 사회복지학과 4년 과정에서 인간행동과 사회환경, 사회복지조사론, 사회복지실천론, 사회복지실천기술론, 지역사회복지론, 사회복지행정론, 사회복지법제론, 사회복지정책론 등의 필수과목과 장애인복지론, 노인복지론 등 선택과목을 배웁니다. 이 배움만으로 충분할까요?

사회복지사로서 취업을 한 후에도 계속해서 배워야 합니다. 사회복지대학원에 가서 공부하시길 바랍니다. 배워야 자신감이 생기고 그와 더불어 자부심이 생겨납니다. 자부심이란 자기나 자기와 관련된 일에 대하여 스스로의 가치나 능력을 믿고 자랑스럽게 여기는 마음을 말합니다. 사회복지사로 일하면서 자부심을 가질 때 일의 성과가 좋아질 뿐만 아니라, 더 중요하게는 자기 자신이 빛나 보이는 것을 느낄 수 있습니다. 자신이 굉장히 소중해지고 자랑스러울 것입니다.

또한 배운 지식은 머리와 가슴으로 되새김하여 자기화시키고 지혜로 승화시키도록 하는 것이 반드시 필요합니다. 배움으로 끝나지 말고 읽은 책이나 배운 것, 보고 들은 일, 경험한 일 등을 다시 기록하는 것도 실천하는 길입니다.

사회복지사로서 현장에서 잘 실천하는 사람이 있습니다. 금오종합사회복지관 문미숙 팀장입니다. 문미숙 팀장은 10년차 사회복지사로서 어려운 이웃을 도울 때 어떻게 도와야 할지 항상 고민하고 노력합니다. 사회복지실천가로서 그녀는 『문 복지사의 사회복지 실천기록 : 주고받음』이라는 책을 썼습니다.

실천 1. 미하엘 엔데가 쓴 소설책 『모모』처럼 잘 듣습니다

그러기 위해 복지실천기록장을 작성합니다.

예 관심사 공유, 진심 담아 건넨 말, 내 얘기 좀 믿어줘 등

실천 2. 공자처럼 잘 여쭙습니다

예 참 잘했어요 스티커, 주체적 어르신 나들이, 어르신 생신잔치 등

문미숙 팀장님이 소개한 유명한 공자의 일화를 소개합니다.

『논어』의 공자 이야기

공자가 태묘에 들어갔을 때 공자는 태묘 관리인에게 참배 예절을 일일이 물어보았다고 합니다. 이를 본 어떤 사람이 한심한 듯 생각하여 이렇게 말했다고 합니다. "누가 저런 추인의 아들이 예를 안다고 했는가? 태묘에 들어가서 일일이 묻고 있다니!" 공자가 이 말을 듣고는 이렇게 말했다고 합니다.

"이렇게 하는 것이 바로 예다."

공자는 태묘 관리인의 마음을 헤아리려고 했던 것입니다. 분명 공자는 태묘 참배 예절을 정확히 알고 있었을 것입니다. 그렇지만 만약 공자가 관리인보다 태묘에서의 예를 더 잘 안다는 듯이 행동한다면, 태묘 관리인의 입장은 무엇이 되겠습니까? 어차피 태묘를 지속적으로 관리할 사람은 공자가 아니라 그 관리인입니다. 공자는 그가 자긍심을 갖고 태묘를 관리할 수 있도록 배려해야 한다고 판단했던 것입니다.

- 문미숙, 『문 복지사의 사회복지 실천기록 : 주고받음』 중에서

실천 3. 독서노트를 작성하고 깨달은 바를 적습니다

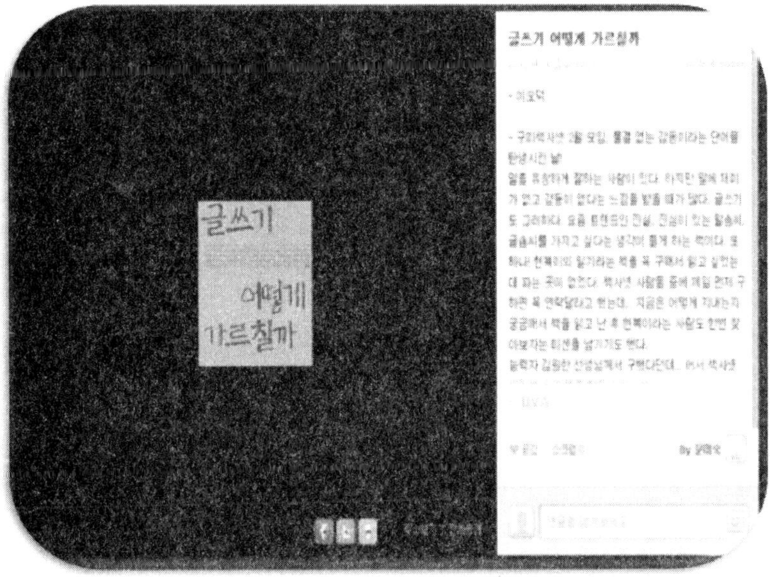

실천 4. 강의를 듣고 교육결과 보고서를 작성하여 보고합니다

제목, 일시, 참여자, 강사, 목적, 내용, 업무와의 연계 등을 작성합니다. 교육결과 보고서는 사실 위주로 작성하는 것이 핵심입니다. 업무진행에 있어 지속적인 자료로도 활용될 수 있으므로 언제, 누가 보든 충분히 쉽게 이해할 수 있도록 작성해야 합니다. 무엇보다 시사점이나 사회복지사가 밀도 높은 경험 속에서 느꼈던 점을 언급함으로써 학습효과를 공유하는 것도 좋습니다.

실천 5. 자기성찰 일기를 작성합니다

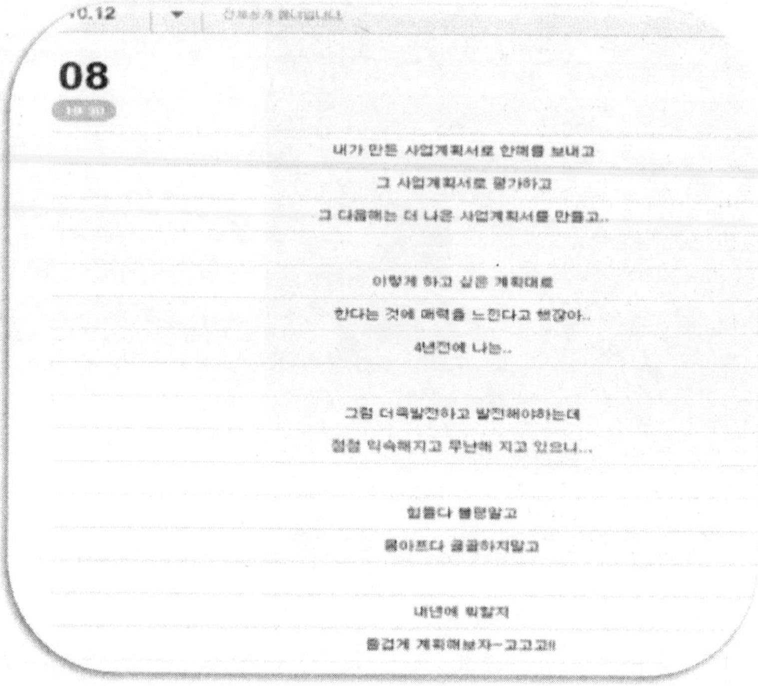

실천 6. 복지실천기록장을 작성합니다

금오종합사회복지관 문미숙 사회복지사는 2009년부터 '복지실천기록장'을 적기 시작했다고 합니다.

예 2011. 8. 25(목), * Y씨 이야기

혼자서 견디기 힘들 때면 복지관에 찾아오시라고 했다……. (중략)

Y씨가 오늘 나를 한 뼘 더 성장시킨 것 같다.

9. '둠벙' 복지

전통의 생태연못을 '둠벙'이라 합니다. 농촌마을의 논 근처를 눈여겨보면 논 한가운데 움푹 꺼진 작은 물웅덩이를 볼 수 있습니다. 이들의 이름이 '둠벙'입니다. 흔히 생태연못이라고 불리는 작은 연못으로 농사를 위해 만들었습니다. 논은 특성상 여름 내내 물에 잠겨 있어야 한다고 합니다. 하지만 장마철에 유독 강수량이 집중하는 한국의 기후 때문에, 논에 지속적으로 물을 제공하기엔 어려움이 많습니다. 이 때문에 가뭄 등의 원인으로 하천 따위의 물이 한 해 중 가장 적어지는 시기, 즉 갈수기에 논에 물을 안정적으로 제공할 방법이 필요해졌고, 조상들은 논 한가운데나 근처에 작은 웅덩이를 만들어 물을 저장하는 방법을 고안해 냈습니다. 이 웅덩이가 바로 '둠벙'입니다.

이곳에는 여러 수서생물들이 소중한 삶의 터전으로 자리 잡아 많은 생물들이 공생하고 있습니다. 근대화로 인한 농지의 경지정리 이전에는 봄철이면 못자리에 물을 대고 한여름에는 농부들의 땀을 씻어주고, 가을 추수 후엔 미꾸라지, 송사리, 붕어를 건져 올려 동네의 남녀노소가 한자리에 모여 조촐한 잔치를 벌였습니다. 사회복지와 많이 닮았습니다.

사람이 만들어 놓은 인공 못이지만 자연과 사람이 하나 되어 마을을 훈훈하고 풍성하게 했던 '둠벙'에서 우리는 자연의 한 부분이라는 겸손함과 조상들의 넉넉한 마음과 삶을 느낄 수 있습니다. '둠벙'처럼 복지도 이제는 마을공동체의 회복이 답이 되는 시대가 왔습니다. 공동체를 바탕으로 이웃이 이웃을 돕는 자발적인 복지가 필요해졌습니다.

『국가복지에서 동네복지로』의 저자 전병관은 그의 책에서 "복지는 공동체적 연대에 의한 자치복지와 공공성을 바탕으로 한 복지가 씨줄과 날줄로 꼼꼼하게 엮어져야만 제대로 실현될 수 있다. 이제는 재정에 의존하지 않고 주민들이 스스로 문제를 해결하는 방식이 지속가능하다"고 말하면서 비용의 급상승을 가져온 '국가복지'보다 '동네복지'를 강조하고 있습니다.

한편 『복지요결』에서 저자 한덕연은 "사람을 사람답게 하고 사회를 사회답게 하는 가치, 그 가운데 사회사업이 감당할 수 있는 가치, 사회사업이 지키고 살려야 할 가치는 바로 당사자의 자주성과 지역사회 공생성이다"라고 말하고 있습니다. 사회복지현장에서 일하는 사회복지사로서 십분 공감하고 실천해야 할 가치입니다. 그러나 모든 문제에는 답은 있지만, 정답은 없듯이 외형의 속성인 주체로서 자기복지를 이루거나 누리는 자주성과 지역사회 공생성이 정답이라고는 말할 수 없습니다.

사람이 만들어낸 인공 못인 '둠벙'은 자연스럽지는 못하지만 자연의 문제, 마을의 문제를 어느 정도 해결해 주었고 서로 돕게 만들어 주었습니다. '둠벙'처럼 마을공동체의 물질적 · 인적 토대가 취약하다고 판단될 때는 사회복지사가 나서서 '마중물' 역할을 해주어야 할 때도 있습니다.

펌프에서 물이 잘 나오지 않을 때 물을 끌어올리기 위해 붓는 물인 마중물처럼 마을에서도 자주성과 사람답게 살아갈 환경 조성이 어려운 당사자가 있다면 기초 자원을 만들어 지원해 주는 것도 좋습니다. 이러한 일들이 '둠벙' 복지입니다.

10. 내 직장은 인생의 가치가 담긴 곳이어야

사회복지사는 우리 사회의 가장 아프고 힘든 곳에서 당사자와 함께 살아가는 사람들입니다. 1차 현장(직접적 서비스 전달)과 2차 현장(간접적 서비스 전달) 등 각자의 현장에서 일을 통해서 자기를 실현하고 또 그 결과 사랑하는 가족과 살아갑니다. 직업으로서의 '사회복지사'이라기보다 우리의 직업윤리로 '처음부터 끝까지 사회복지사다'라고 외치며 살고 있습니다.

그러나 꿈꾸는 사회와 사람의 모습을 그리지 못한 채 일만 하는 사회복지사, 마땅히 해야 하는 일은 생각조차도 못하고 하루하루 살아냄이 급급한 사회복지사, 이런 사회복지사를 꿈꿨던 것은 아닌데 놓쳤던 것이 많았음을 발견하게 됩니다. 사회복지사들은 '바쁘다!', '바빠!'를 입에 달고 살면서 하루를 보내고 있습니다. 내 인생을 사는 주인공 또는 여행자가 아닌 심부름꾼처럼 나의 인생을 스쳐 지나갑니다. 의미 있는 순간을 알지 못하고 계절의 변화를 알아차리지 못하고 살아갑니다. 이러한 상황이다 보니 그 직업이 가져야 할 원래의 직업윤리와 그 직업 자체에 대한 사회의식이 우리 사회로부터 동떨어져 있습니다.

우리 사회복지사들은 그 누구도 대신하기 어려운 또 누구도 나서기

싫어하는 일을 하고 있습니다. 그러한 일을 '정의를 생산하는 일'이라고 합니다. '정의를 생산한다'는 것은 간단히 말하면 억울한 일을 당하지 않게 하고, 억울한 사람이 없도록 하는 것입니다. 당사자가 벼랑 끝에 서는 일이 없도록 하는 등 사회적 정의를 생산하는 일, 이것이 우리 직업의 기본 소명이라고 생각합니다.

필자는 우리 직업군이 보다 높은 자기 직업의 '직업윤리'로 재구성되어야 한다고 생각합니다. 사회복지사라는 직업뿐 아니라 모든 직업은 생활과 밥을 벌어 먹고 사는 방편이기도 하지만 내 소중한 인생을 갖다 쓰는 소중한 자기의 일터이기 때문에, 그 직장은 반드시 돈벌이 수단이 아니라 내 인생의 가치가 담겨 있는 곳이어야 합니다.

11. 사회복지사의 상상력이 세상을 바꾼다

사회복지사의 상상력은 무엇일까요? 풀 한 포기 자라지 않는 사막을 세계 최고 관광지로 만든 두바이의 기적일까요? 아니면 유리터널 수조 안에서 헤엄치는 펭귄을 구경할 수 있게 해준 일본 최고의 동물원이 된 북해도(홋카이도) 아사히야마 동물원일까요? 제가 생각하는 사회복지사의 상상력은 창조적 발상입니다. 창조적 발상은 아주 간단합니다. 실천해 볼 수 있는 일들입니다. 이미 알고 있는 것을 낯설게 만드는 것입니다.

그러기 위해서는,

첫째, 심리적으로 안정되고 성숙한 사람이 되기 위한 독서를 해야 합니다.

둘째, 늘 연구하고 공부합니다.

셋째, 신문칼럼 필사(베껴 쓰기)를 꾸준히 합니다.

넷째, 어휘채집 노트를 가지고 다니며 어휘를 채집합니다.

다섯째, 글쓰기 강좌에 참여해 봅니다.

여섯째, 하루에 조금씩이라도 기록하고 복지저널 등 사회복지 관련 잡지에 칼럼을 기고해 봅니다. 예 사회복지사협회, 「복지저널」 2013년 기고- 사회복지공무원의 좌충우돌 현장 이야기

일곱째, 근무경력이 10년이면 전문가, 20년 이상이면 장인 또는 달인, 30년 이상이면 인간문화재라고 합니다. 밀도 높은 경험을 기록으로 남겨야 합니다.

여덟째, 스마트폰을 멀리하고 역동적인 사회변화에 맞추어 사유(思惟)하는 시간을 많이 가져야 합니다. 예 독서모임 등

아홉째, '사회복지사 도서관'을 마련하면 좋습니다. 교육받은 자료 등 많은 자료를 한 곳에 모이도록 합니다.

열째, 퇴직하는 사회복지직 공무원 또는 사회복지사들과의 대화의 시간을 가져 '대담집'을 만들어 봅니다. 이 또한 사회복지사 도서관에 보관하여 많은 사회복지사들이 읽을 수 있도록 합니다.

열한째, 자기가 발 딛고 사는 지역과 내 경력을 자랑스럽게 알고 살아갈 수 있도록 해야 합니다. 예 선임사회복지사 배지, 농업장인 배지, 다문화가정 출산 시 플래카드 등

제2장

사회복지사의 책무, 글쓰기

제2장 사회복지사의 책무, 글쓰기

1. 내가 글을 쓰는 이유

인생은 반복되는 생활이라고 했다.
좋은 일을 반복하면 좋은 인생을
나쁜 일을 반복하면 불행한 인생을 보낸다고 한다.

우리는 너무 자주 잊어버린다.
나를 추스르기 위해 끊임없이 자신을 채찍질하고
격려하고 위로하고 칭찬하기도 하며
그러다가는 그 모든 것을 다 잊어버리고 또 한탄한다.

내 눈에서 감동하여 흘릴 눈물이 남아 있다면 그건 행복이다.

남에게 용기 내라고 따뜻한 말 한마디
어깨 다독이는 손길 하나 건넬 수 있다면
그건 희망이고 행복이다.

아직은 살 만한 세상이지 않습니까?
나는 아직은 그렇다고 생각한다.
작은 감동으로
열어가는 하루 되길 바란다.

- 좋은 글 중에서

2016년 현재 다시 시작하는 인생의 나이라는 마흔 살입니다. 배우자와 두 아들을 둔 평범한 가정의 가장입니다. 새로울 것 없는 세상살이를 하고 있습니다. 항로가 정해져 있는 배를 타고 가는 느낌입니다. 항상 같은 하루, 같은 일상, 같은 자리에서 시계추처럼 오늘도 큰 변화 없이 살고 있습니다. 위의 글처럼 인생은 반복되는 인생인 것 같습니다. 그래서 '반복되는 인생을 어떻게 살아가는가?'도 중요합니다.

10년간 학문적으로(학사 · 석사 · 박사)든 개인적으로(수첩 글, 기고 글, 사회복지행정연구회 활동 등)든 많은 글을 써왔습니다. 저에게 동료들과 지인들이 물어봅니다. '글을 쓰는 이유'를 말입니다. 저도 궁금해졌습니다. '나는 왜 글을 쓰는가' 이 물음에 대한 답을 구하는 시간을 가진 결과 이러했습니다.

첫째, 글을 쓰고 싶은 욕망과 꿈이 있습니다.

이루지 못한 어떤 것이 괴롭히기만 한다면 욕망이고, 이루지 못한 어떤 것이 당신을 또한 설레게 한다면 꿈이라고 합니다.

외부의 주문에 의해서 글을 쓰는 것은 어렵고 고단한 일입니다. 입이 삐쭉삐쭉 나오기 일쑤입니다. 말을 물가로 끌고 갈 수는 있지만 물을 먹게 할 수는 없습니다. 아무런 보상을 요구하지 않고, 자발적으로 글을 쓰게 될 때 자신감과 무엇을 위하여 살아야 하는가에 대한 답을 제공해 줍니다.

음악을 자주 들으면 작곡하고 싶은 생각이 들을 때가 있듯이, 책을 읽다가 또는 일상생활에서 감명을 받을 때 글을 쓰고 싶습니다. 바쁜 일상생활 속에서도, 육체적 피로와 정신적 소진을 가져오는 글쓰기를 하는 이유는 자유로운 욕망이 꿈틀거리고 있기 때문입니다. 그런 욕망 또는 꿈이 글을 쓰게 만듭니다. 자유로운 욕망과 꿈입니다.

둘째, 글쓰기를 통해 인생을 좀 더 형식적인 아닌, 누구에게 보여주기 위함이 아닌, 풍성하고 깊은 울림이 있게 만들고 싶습니다.

글은 영상만 없지, 글을 통해 디테일하고 파워풀한 삶을 표현할 수 있는 도구라 생각됩니다. 필자는 글쓰기를 통해 삶을 좀 더 풍부하게 살아갈 수 있는 시간을 가질 수 있다고 생각합니다. 하루하루 모르고 지나치게 되는 삶을, 많은 순간순간들을 글쓰기를 통해 건져 내거나 심폐소생시킬 수 있습니다. 지금이라도 시작하면 남은 인생이 풍성하게 변화될 것입니다. 나탈리 골드버그는 "자신이 발을 딛고 살아가는 이 세상을 알기 위해, 그리고 그 안의 색과 형태를 발견하기 위해 글을 쓴다"라고 하였습니다.

셋째, 글을 쓰면 생각이 만들어지고 정리됩니다.

하루 종일 실타래처럼 엮여 있던 생각들을 정리하는 시간을 갖습니다. 노트북을 켜고 자판에 지문을 남기는 순간, 언제 내 머릿속에 이런 생각들이 들어와 있었을까 할 정도로 생각이 만들어지고 정리가 됩니다. 희로애락(喜怒哀樂)이 모두 녹아있는 사회복지현장에서 떠나 조용한 시간에 글을 써보십시오. 생각이 일목요연해집니다.

넷째, 글쓰기를 통해서 자기 지식을 이해하고자 합니다.

자기 지식이란 자신의 삶에서 무엇이 중요하고 무엇이 중요하지 않은

지를 자각하는 능력을 말합니다. '나는 누구이며, 나는 왜 이 세상에 존재하는가'와 같은 자기 자신에 대하여 깊이 성찰할 수 있는 지식을 뜻합니다. 소크라테스의 "너 자신을 알라"라는 의미와 비슷하지만 더 심오한 개념입니다(김영천, 2015).

자기 지식의 이해가 우리 모두에게 필요한 이유는 우리가 어떤 의도를 가지고 무엇을 할 때 그리고 어떤 선택을 할 때, 우리 모두는 그 행위에 나름대로의 의미와 가치를 부여하며 그에 따라서 최선과 희생을 다합니다. 우리는 삶에 대한 목적과 존재의 이유를 알게 될 때, 무엇을 더 해야 하고 무엇을 하지 말아야 하며 무엇을 위하여 좀 더 노력하고 희생해야 한다는 것을 압니다. 글쓰기를 하는 과정에서 자기 지식을 이해할 수 있습니다. 글쓰기를 통해 사회복지사로서 해온 일과 해나갈 일을 알 수 있기 때문입니다.

다섯째, 삶을 주체적으로 살고, 내가 무엇을 느끼고 생각하는지 스스로 정리할 수 있습니다.

> 글은 우리가 조금이라도 주체적으로 살기 위한 몸부림이고, 어차피 우리 삶은 주체적으로 흘러가지 않는다. 내가 선택해서 하는 행동보다는 남들의 요구나 기대 때문에 해야 하는 행동이 훨씬 더 많다. 신장개업한 가게 앞에서 허리를 꺾으며 춤추는 키 큰 풍선 인형처럼 우리도 이 방향 저 방향에서 바람이 불어올 때마다 흔들리며 살아간다. 이런 와중에서도 내가 무엇을 느끼고 생각하는지 스스로 정리하고 남에게 털어놓은 방법이 글쓰기이다.
>
> - 이상원 『서울대 인문학 글쓰기 강의』 중에서

글쓰기가 사회복지사들에게 주는 가치는 참으로 큽니다. 고독할 수 있는 시간을 갖게 하여 삶을 농밀하게 만들 수 있습니다. 또한 자기 생각을 갖도록 고민하게 하고 형성하게 하며 정리하게 하는 과정을 선물해 줍니다.

한번 실천해 볼까요? 오늘부터. 영혼을 위해 할 수 있는 실천 글쓰기.

2. 사회복지사가 글쓰기를 해야 하는 이유

사회복지사들은 각자의 현장에서 일을 통해서 자기를 실현하고 또 그 결과로 사랑하는 가족과 함께 살아갑니다. 지역사회 하우스 농가를 방문해 보면 딸기, 머위, 수박 등 갖가지 농산물을 생산해 내고, 공장을 방문해 보면 신발, 옷, 약 등을 만들어 냅니다. 감정노동자, 전문가로서의 사회복지사는 무엇을 만들어 내는 사람일까요? 약자들이 살아갈 만한 세상, 정상적인 생각을 가진 사람들이 불이익을 받지 않고 살아가는 세상 등 사회적 정의를 생산해 내는 일일 것입니다. '정의를 생산한다'는 것을 간단히 말하면 억울한 일을 당하지 않게 하고 생활상의 어려움으로 극단적인 선택을 하는 일이 없도록 하는 것일 겁니다.

정의를 생산하는 일에 글쓰기가 도움이 될까요? 결론은 도움이 된다고 말씀드리고 싶습니다. 먹고 살기도 힘든 세상에 글을 쓴다는 것. 생각만 해도 지끈지끈합니다. 그렇지만 한번 시작해 보면 그리 어려운 일이 아닙니다.

글쓰기를 해야 할 이유가 있습니다. 여기저기서 사람들의 신음소리가 들리고 있습니다. 노인은 섬김을 받지 못하고 버려지고 있으며, 청·장년은 일자리가 없거나 있어도 언제 해고당할지 모르는 위험에 처해 있고,

어린이·청소년은 입시 위주의 교육으로 비인격적인 삶을 강요당하고 있습니다.

한편 기술발달에 따른 생산성 향상으로 물질적 풍요를 이루었으나, 정신과 의식이 이에 미치지 못해 풍요로움과 여유로움을 향유하지 못하고 오히려 발달된 기술에 의해 인간이 압도당해 더욱 초조하게 살아가고 있습니다. 가진 자들은 신자유주의, 자유경쟁이라는 미사여구를 내세워 자기가 얻을 수 있는 몫을 모두 챙기고 나머지를 가지지 못한 자에게 남겨주고 있습니다. 가지지 못한 자들은 가진 자들이 남겨준 것 중에서 자기의 몫을 더 많이 챙기기 위해 또한 무한 경쟁을 하고 있습니다(채구묵, 2009).

조금 여유를 가지고 더불어 살 수 있는 세상을 만들고자 노력한다면 모두가 인간다운 삶을 살 수 있을 텐데, 가진 자나 가지지 못한 자 모두 이에 대한 생각과 노력은 하지 않고 있습니다. 그렇기에 사회복지사가 필요합니다. 이 거대한 세상을 상대로 현장에서 사회적 대결을 하는 것도 좋지만, 사회복지사의 눈으로 모든 뉴스와 정책을 점검하는 등 글로써 사회에 바른 소리를 내는 복지평론가의 역할도 필요하다 하겠습니다.

복지평론가의 역할은 사회적 글쓰기가 대부분입니다. 그래서 사회적 글쓰기는 어떻게 해야 하는지, 사회적 글쓰기를 잘 하는 방법을 알려드리고자 합니다.

첫째, 사회적 글쓰기의 글감을 찾는다.
둘째, 시대적 흐름을 읽는다.
셋째, 다른 사람의 글도 많이 읽는다.
넷째, 일상을 평범하게 바라보지 말고, 깊이 되돌아본다.
다섯째, 지속가능한 삶과 공생하는 삶을 생각한다.

복지는 품앗이다[복지평론]

- 광주대학교 사회복지학부 교수 이용교

흔히 품앗이라고 하면 모내기를 하거나 길쌈을 할 때 서로 돕는 것을 말하는데, 품앗이는 우리 생활양식의 기본이다.

품앗이는 지켜야 할 원리가 있다. 품앗이를 하려면 먼저 품을 앗아야 한다. 이웃의 모내기를 하루 해주면 하루의 품을 앗는 것이다. 그 이웃은 모내기로 품을 갚아야 한다.

품앗이는 품으로 갚아야 한다. 품으로 갚지 않으면 품앗이는 계속되기 어렵다. 부득이 돈으로 갚을 때는 품을 앗은 사람에게 양해를 구해야 한다.

품앗이는 겉으로 보면 노동의 거래이지만 속으로 보면 인간관계이다. 품앗이꾼은 관계가 좋은 사람들끼리 엮이고, 새 사람이 낄 때에는 구성원의 동의를 받아야 한다.

품앗이의 관계를 지속하기 위해서 계를 묻기도 한다. 마을 사람들끼리는 동계(마을계), 동갑끼리는 갑계, 이웃들이 상례를 돕기 위해 상포계를 맺기도 한다.

계는 친목을 기본으로 하고 돈을 모으는 등 다른 목적을 덧붙이기도 한다. 계원끼리 친목을 도모하고 관혼상제에 서로 부조를 한다. 친구가 결혼할 때 식장에 가서 사진도 찍으며 축하해야지, 축의금만 보내면 섭섭해 한다.

품앗이나 계는 인간관계가 지속될 수 있다는 신뢰가 전제되어야 한다. 요즘 젊은이도 친구들과 갑계(친목계)를 하는 것은 우정을 지킬 수 있다는 믿음 때문이다. 누구나 취학, 취업, 결혼, 부모의 상과 같은 생활문제를 겪을 수 있고, 그때 친구의 도움을 주고받는다. 도움을 주고받는 시점이 다를 뿐 언젠가는 품앗이를 하게 된다.

도시화와 함께 농촌마을에서의 동계(마을계)나 상포계가 사라지고 있다. 상포계는 상을 당한 계원이 산으로 가기에 그 자녀가 갚아주어야 한다. 아이의 울음소리가 사라진 지 오래된 마을에서 10년 혹은 20년 후에도 장례를 함께 치를 수 있다는 신뢰를 갖지 못하면 상포계는 사라진다.

한국 사회가 직면한 가장 큰 사회문제는 '저출산 고령화'이다. 성인 여성이 평생 동안 낳는 아동 수를 나타내는 합계출산율이 2.1명은 되어야 인구가 유지되는데, 한국의 합계출산율은 2012년에 1.30명에서 2015년 1.24명으로 OECD 국가 중 가장 낮은 수준이다(통계청, 2015).

전체 인구 중 65세 이상의 비율인 고령화율은 2012년에 광주가 9.9%이지만, 전남은 21.4%로 이미 초고령 사회가 되었다. 경제활동을 해야 할 젊은이는 급격히 줄고 부양을 받아야 할 노인은 폭발적으로 늘어나는 것은 세대 간 품앗이의 위기이다.

젊어서 경제활동을 할 때 노후를 대비한 의무 저축이 연금제도이다. 1960년부터 시작된 공무원연금에 가입한 퇴직공무원은 매월 평균 219만 원을 타지만, 국민연금 수급자는 평균 84만 원을 받는다. 상당수의 노인들은 국민연금조차 받지 못해 기초노령연금 9만 6천 800원에 의존하고 있다.

직장인, 자영업자, 주부 등 모든 성인이 국민연금에 가입하고, 생계가 어려운 노인에게만 기초(노령)연금을 주는 방안을 정착시키지 않으면 세금은 늘어나고 세대 간 품앗이는 더욱 꼬일 것이다.

이 점에서 최근 상속 제도를 바꾸려는 논의는 적절하다. 부부가 공동으로 재산을 형성해도 세대주의 이름으로 등기하는 관행으로 배우자를 잃은 여성은 상속 시에 이혼 시보다 훨씬 적은 재산을 받게 된다. 이에 상속 시 배우자의 몫으로 절반을 떼고 나머지 절반을 자녀와 함께 분배하는 방안은 자녀가 부모를 공양하는 세대 간 품앗이가 퇴색되는 상황에서 세대 내 품앗이로 보완하려는 것이다. 결혼 기간과 재산형성의 기여 등 고려할 사항은 있지만, 품앗이의 원리로 볼 때 바람직한 대안이다. 품앗이는 복지이고 복지는 품앗이다.

- 광주매일신문, 이용교, 「복지는 품앗이다」, 2014. 1. 20. 보도자료

이런 복지평론 쓰고 싶지 않으세요? 사회복지사의 눈으로 공감이 가는 글, 국민에게 도움이 되는 글 써보고 싶습니다. 글쓰기를 하다 보면 복지평론가의 꿈도 실현될 것이라 믿어 의심치 않습니다.

사회복지사는 글을 써야 합니다. 글을 쓰다 보면 업무를 점검하는 것은 물론 자신을 성찰하는 시간을 갖기도 합니다. 사회복지사들이 주로 하는 행정, 상담, 회계 등과는 별개로 자신이 담당하는 업무에 대하여 글쓰기를 해야 합니다. 글쓰기가 소진과 타성을 극복하는 계기가 됩니다.

사회복지실천을 기록하는 일은 우리의 의무이고 책무입니다. '사람다움', '사회다움'을 위한 복지를 위해 실천 속에서 겪은 자신의 생각, 고민, 느낌, 깨달음을 기록합니다. 하루에 조금씩 한 장씩이라도 기록합니다.

도입부부터 쓰려는 습관을 버리고 그냥 생각나는 대로 씁니다. 하루에 조금씩 자판에 지문을 남깁니다.

글쓰기를 통해 세상을 바꿀 수도 있습니다.

예를 들면, 사회복지사의 관점 유지하기, 시민 입장 생각하기, 의원 및 시군구청장에게 영향력 미치기, 조례 등으로 제도화시키기, 위원회 등에 참여하기 등입니다.

3. 무엇을 써야 하나

사회복지사로서 무엇을 써야 할까도 중요합니다. '사회적 글쓰기', '사회사업 글쓰기' 들어보셨습니까? '사회적 글쓰기'와 '사회사업 글쓰기'를 하면 자신의 성장을 넘어 사회적 성숙에도 기여할 수 있습니다. 여기서 '사회적 글쓰기'란 사회복지사와 국민들이 가지고 있는 욕구와 문제들을 인식하고, 그들을 위해 도움을 줄 수 있는 자원 및 서비스 등을 쓴 글을 말하고, '사회복지사 글쓰기'란 사회복지사로서 현장에서 실천한 지식과 경험, 그리고 지혜를 모으고 다듬는 일을 말합니다.

사회적 글쓰기를 하고 있는 분은 광주대학교 사회복지학부 이용교 교수님입니다. 이용교 교수님은 '광주드림'이라는 곳에 '행복한 세상을 열어가는 사회복지사-이용교 교수의 복지상식' 코너를 마련해 매주 한 편씩 저소득층 및 상황적 약자 등 정보소외계층들이 도움을 받을 수 있도록 글쓰기를 하고 있습니다.

42주 한 주도 빠짐없이 쓴 글을 보면 이렇습니다.

'국민연금, 하루라도 빨리 가입해야 이익', '건강 검진, 암 검진 함께 받아라', '두리 누리 소사업장 보험료 국가 지원 받아라', '복지사각 없애는 긴급복지제도', '이용할 수 있는 사회서비스 많다', '치매치료비 국가 지원 놓치지 마라', '고용보험 잘 챙기자', '모르면 못 쓰는 복지서비스 70가지', '문화누리카드로 문화생활을 즐기자', '자녀장려금, 5월엔 꼭 신청하세요', '학자금 대출, 이자는 알고 있나요?', '기초생활보장제도, 맞춤형으로 확 바뀐다.'

'한부모가족 · 청소년 한부모가족 정부 지원', '장애인 복지 서비스, 등록 안 하면 무용지물', '기초연금, 월 145만 원 이하 가구면 신청하라', '교육급여로 대학교까지 무상으로…', '주거급여, 임차료 지원받을 수 있다', '다자녀가정 지원, 요모조모 따져라', '산재보험 첫 관문, 요양급여 가장 중요', '외국인의 사회보험 가입과 혜택은?', '학교 밖 청소년이 지원받을 수 있는 복지', '의료급여, 건강 생활 위한 안전망', '자활급여', '근로 조건 소득인정액 보충', '노인장기요양보험', '자립생활 도우미', '희귀난치성질환자, 의료비 지원 받으세요', '국민연금 + 실업 · 출산 크레딧 활용하라', '암 검진서 치료까지, 지원 놓치지 마라', '평생학습으로 내 일 찾는다',

'공공주택, 잘 준비하면 내 집 된다', '필요한 돈 싸게 대출받는 방법', '국가보훈대상자, 어떤 예우 받나?', '노후 보장, 국민연금만한 게 없다', '무상교육, 모든 국민이 함께 누리자', '임신, 출산 관련 지원 제도 활용하라', '괜찮은 일자리, 어떻게 찾을까?', '주택연금, 꽤 괜찮은 노후대책', '경로 우대, 잘 이용하면 삶의 지혜', '노후 재무설계, 어떻게 할까?', '농지연금, 어떻게 활용할 것인가?', '가슴으로 낳은 아이, 입양지원', '방과 후 돌봄, 어떤 곳을 이용할까?', '청년취업, 정부지원 활용하라' 등입니다.

한편 사회복지사 글쓰기는 글을 쓰는 목적이 분명해야 합니다. 첫째, 쓰고 다듬는 과정을 통해 우리가 바르게 실천했는지 돌아봅니다. 이때 생각을 정리하면서 새로운 통찰을 얻기도 합니다. 둘째, 정리한 글을 동료 사회복지사와 또는 다른 이와 공유하면서 우리가 하고 있는 일들을 설명하고 그 마음이 전해져 당사자의 삶이 변화되기를 바라야 합니다.

사회적 글쓰기를 실천한 책들을 소개하고자 하니 꼭 읽어보시기 바랍니다.

소책자를 만든다면,

『마을공동체만들기 좌충우돌의 기록-여민동락』이 좋은 예시입니다.

그리고 '관계가 바뀌면 놀라운 일이 벌어집니다'라는 소책자의 내용과 소제목은 이렇습니다.

> '관계가 바뀌면 놀라운 일이 벌어집니다'의 이야기들은 당사자의 변화를 당사자의 손으로 일궈나가는 실천기록입니다. 우리는 당사자의 힘을 믿고, 지역 안에서 관계가 넘쳐나도록 발로 뛰었습니다. 사회복지사는 당사자와 주민들이 하고 있는 것을 더 잘하도록 주선했을 뿐입니다. 우리의 실천현장의 관계가 변화하고 있습니다. 사람냄새로 넘쳐나고 정이 가득한 동네로 바뀌는 놀라운 일이 벌어졌습니다.

- 이호상, 가산종합사회복지관 '손씨 아저씨의 이웃사촌'
- 김주연, 동대문종합사회복지관 '가녀린 자원봉사자를 구하라'
- 나정아, 방화11종합사회복지관 '우리동네 마당발 발발이 아저씨 이야기'
- 정상훈, 동작노인종합사회복지관 '어금니 꽉'

출판등록(ISBN)이 되어 국립중앙도서관에 소장이 되는 책을 쓰고 싶다면, 사회복지 글쓰기 과정을 통해 공공사회복지현장의 역사와 생생한 경험을 담아 책을 내놓은 책을 읽어봅니다.

- 이정관 외, 『복지현장에서 주민에게 길을 묻다』, 정민사
  - 20년 이상 근무한 강서구청 사회복지공무원들이 동아리 '희망 톡톡'에서 공공복지현장의 경험과 사연들을 진지하게 탐구해 보고 문제해결을 위한 정책대안을 제시함

- 이정숙 · 조만선, 『사회복지공무원을 소개합니다』, 정민사
  - 사회복지전문요원(1987년)이라는 이름으로 근무했던 사회복지공무원의 출발, 복지현장에서 만난 다양한 사례, 복지현장전문가로서 작고 소박한 창의적인 도전을 해본 경험들과 분야별 사회복지정책을 소개하는 정보를 담음

- 전병관, 『지역복지를 넘어 근린 복지로』, 양서원
  - 사회복지공무원으로서 정체성을 지키기 위해 저자가 근린복지 현장에서 추진한 사례들을 소개하며, 지역복지를 뛰어넘는 근린복지사업을 통해 지역공동체로서의 의식변화까지 꾀한 노력들을 담아냄

- 김선희, 『사회복지현장 희망노트』, 한국보건복지인력개발원
  - 사회복지공무원들이 일하는 사회복지현장의 이야기들을 진솔하게 전달하며 일반인들의 이해와 공감을 불러일으킴

- 박찬경, 『사회복지사공무원의 감성수업』, 한국보건복지인력개발원
  - 진정한 복지서비스 제공을 위한 사회복지사를 꿈꾸며 개인의 성장과 발전을 위한 노력들을 기록. 또한 저자가 현장에서 만난 복지대상자의 삶에 나타난 모습을 통하여 사회복지사의 복지대상자

에 대한 인식전환을 이루어 내는 실천방법을 제시함

• 김정숙, 『어처구니의 다독다독』, 푸른복지
- 사회복지현장에서 일을 하고 있는 사람들과 공감대를 형성하고 사회복지 일을 하고자 하는 후배들에게 선배로서 걸어 온 길을 알려주고 실수 등을 반복하지 않도록 하는 지침을 이야기하듯 알려줌

• 심윤무, 『사회복지직 공무원으로 살아가면서 알아야 할 40가지』, 공동체
- 사회복지공무원으로 10년간 경험한 노하우, 지식을 후배들과 나눔은 물론 당사자들이 끝까지 '삶'이게끔 도와주는 실천방법 등을 제시함

• 류은주, 『엄마 같은 사계절의 하모니』, 한국보건복지인력개발원
- 지난 현장 경험을 통해 진정성 있는 사회복지서비스 제공은 '엄마'와 같다는 경험을 기록

• 박정임, 『사회복지사 그녀의 따뜻한 속도』, 한국보건복지인력개발원
- 자작시를 통해 현장에서 소진되었던 사회복지사 동료들의 마음을 위로, 치유하는 데 도움을 주고자 함

• 심유미, 「아이들이 키운 엄마 사회복지공무원」, 한국보건복지인력개발원
- 엄마와 사회복지공무원 두 가지 역할로 살아가며 현장에서 고군분투하는 이야기를 들려주는 등 두 역할의 성장 모습을 보여줌

- 홍준호, 『사회사업탐구생활』, 푸른복지
  - 대학생활부터 복지관 입사를 다른 복지산문, 에피소드, 마음통찰 등을 통해서 사회복지사로서 어떻게 살아가고 있는지를 생생하게 그려냄

- 안태용, 『사회복지현장의 불편한 진실』, 푸른복지
  - 야근은 소진의 일등공신이자 퇴사의 지름길 등 사회복지현장에서 알려주지 않는 45가지 이야기를 고정관념에서 벗어나 다양한 생각과 눈높이별로 현장을 사실적으로 보여줌

- 정문호, 『선배가 들려주는 멋진 사무관 되기』, 푸른복지
  - 지방공무원들에게 원대한 꿈과 희망을 갖고 힘차게 일할 수 있는 동기부여의 기회를 주고 후배 공무원들의 빠른 승진과 행복한 공무원 생활을 기대하고 응원하기 위한 메시지를 전달함

- 문미숙, 『주고받음』, 한국보건복지인력개발원
  - 보통의 사람살이가 서로 주기도 하고 받기도 하는 것처럼, 사회복지실천현장에서도 그런 마음으로 어려운 이웃을 대하고 싶은 바람을 담음

- 이가영, 『행복의 공간』, 한국보건복지인력개발원
  - 주민에게 배우면서 일하고, 주민에게 감동받으면서 일하고, 주민에게 얻어먹으면서 일하고 있는 선의관악종합사회복지관 사회사업가로서 이웃과 인정이 흐르는 지역사회를 소망하면서 지역복지 실천이야기를 차근차근 들려주고 있음

- 조명희, 『스물네살, 복지를 말하다』, 한국보건복지인력개발원
  - 행복을 꿈꾸며 '내가 있는 곳이 현장이다'라고 한 지 24년차 사회복지전담공무원으로 사회복지사라고 자부하며 주어진 환경과 현장을 감사하게 여기며 지내온 현장의 경험과 생각들을 담은 글
- 김영습, 『사례관리 슈퍼비전』, 한국보건복지인력개발원
  - 밀양종합사회복지관에서 사례관리 팀장이 직접 한 번쯤 고민할 만한 내용들을 책 속에 담았음. 김영습 팀장은 "애초에 한계가 있을 수밖에 없는 게 사례관리다. 그러나 팀장은 슈퍼바이저로서 모든 질문과 실천에 대한 답을 가지고 있을 수 없기에 그 과정 자체를 그대로 옮겨보는 것도 의미가 있다"라고 말하고 있음

휴먼서비스를 전달하는 사회복지사인 우리 동료가 쓴 글을 읽으면 감동을 받습니다. 왜 그럴까요? 그 이유를 살펴보면 바로 우리들의 이야기를 진솔하게 솔직하게 표현해서가 아닐까 생각합니다.

책을 쓴 사회복지사의 글에는 '단어' 한 자 한 자도 신중합니다. 자기 삶을 사는 존재, 더불어 사는 존재로 보고 도와가는 과정이니 그렇게 표현합니다. 당신의 삶의 주인에게 쓴 글이니 더욱 그렇습니다.

무엇을 쓸지 고민하지 마시고, 우선 기록합니다. 기록을 통해 사회복지실천이 부족했더라도 글 쓰는 과정에서 다시 생각하게 되고, 다음에는 바르게 실천해야겠다는 마음이 생깁니다.

4. 기록하지 않는 모든 것은 사라진다

사회복지현장에서 기록은 중요합니다. 사회복지실천론, 사회복지실천기술론 책 내용 중 '기록의 중요성'이라는 내용이 있을 만큼 기록은 중요합니다. 대표적인 기록에는 '과정기록', '요약기록', '문제중심기록(SOAP)'이 있습니다. 사회복지현장에서는 시간의 흐름에 따라 변화된 상황, 개입활동, 중요한 정보 등을 기록하는 요약기록을 많이 사용합니다. 또한 기록은 당사자의 삶에 있어서의 권리와 의무, 사회복지사의 보호에 있어서도 중요한 자료입니다.

기록은 의무입니다. 그렇다고 모든 것을 기록해야 할까요? 그렇지 않습니다. 사회복지현장에서의 기록은 대체로 전산 프로그램을 많이 활용합니다. 사회복지사업법상 기관을 5년 이상 이용하지 않으면 정보를 파기해야 하지만 현장은 그렇지 않습니다. 그러기에 기록에 매우 신중해야 합니다. 한번 기록한 내용이 어디서 어떻게 다시 활용될지 알 수 없기 때문입니다. 기록이 당사자를 평생 꼬리표처럼 따라다닐지 모릅니다. 당사자의 숨기고 싶은 이야기 등 불편한 이야기는 세세하게 기록할 필요가 없습니다. 중요한 사안(법적인 문제 등)이 아니면 자세히 기록하지 않습니다.

한편 '적자생존'이라고 들어보셨습니까? 영국의 철학자 스펜서가 말한 환경에 적응하는 생물만이 살아남고, 그렇지 못한 것은 도태되어 멸망한다는 '적자생존'말구요. '적는 자만이 살아남는다'라는……. 조직에서 기록의 중요성을 풍자해서 표현한 글이 아닐까 생각합니다. 사회가 빠르게 변하고 이리저리 바쁜 인생을 살며 치이다 보니 우리는 기록이라는 엄청난 일을 등한시하고 있습니다.

『기록형 인간』의 이찬형 작가는 인간의 장대한 역사를 선사와 역사로 나누고 있습니다. 이 분류의 기준은 기록이라고 합니다. 기록을 하면서 인간은 비로소 인간다운 인간으로 역사에 등장할 수 있게 된 것이라고 합니다. 이처럼 기록은 우리 인간의 역사에서 빠질 수 없는 중요한 요소입니다. 그래서 인간을 호모스크립투스, 즉 '기록하는 인간'이라고 하였나 봅니다. 기록하고자 하는 욕망은 인간의 본능입니다. 따라서 인간의 진화가 기록과 더불어 진행되었다고 해도 과언이 아닐 것입니다.

기록은 크게 두 가지로 구분합니다. 손으로 쓰는 기록인 '아날로그 기록'과 컴퓨터, 스마트폰 등을 이용하여 기록하는 '디지털 기록'이 있습니다. 서로의 방식에는 장단점이 있습니다. 자신의 스타일에 맞는 기록을 하면 됩니다. 여기서 기록 시 유념해야 할 사항은 사회복지사다운 실천을 기록해야 한다는 겁니다. 당사자와 지역사회가 복지를 이루게 도운 과정, 그래서 당사자와 지역사회가 복지를 이루어 가는 과정을 기록합니다. 또한 그 일로 더불어 살아가게 도운 과정을 기록합니다. 당사자의 삶과 지역사회 사람살이를 중심에 두고 기록합니다. 이를 향해 나아가는 과정을 기록합니다. 그 길에서 사회복지사로서 느끼는 고뇌와 성찰을 기록합니다.

사회복지를 바르게 실천하려는 도구가 기록입니다. 기록하지 않는 것은 모두 사라집니다. 글쓰기가 필요합니다.

조선시대 정치, 경제, 사회, 문화 등 다방면의 역사적 사실이 기록되어 있는 『조선왕조실록』, 마르코 폴로의 『동방견문록』, 관타나모 수용소의 사람들의 종이컵 기록(포크 같은 것으로 시를 씀), 『엘르』의 편집장 장 도미니크 보비가 뇌졸중 진단을 받고도 20만 번 이상 눈을 깜빡여 15개월에 걸쳐 쓴 『잠수종과 나비』, 텔레반의 인질이었던 한 사람은 구금상황에서도 바지 안쪽에 42일간의 억류생활 중의 몸 상태, 이동경로, 제공된 음식의 종류 등을 메모했으며, '메모왕'이라 불리는 일본인은 추락하는 항공기에서도 당시 상황을 기록했다고 합니다. 그리고 일본의 공무원 및 직장인들은 수십 년간 업무에서 체득한 경험과 노하우를 기록하여 재직 시 또는 은퇴 후에 책으로 출간하는 문화가 있다고 합니다.

현장에서의 클라이언트와의 삶도 중요하지만 오늘의 일, 기억, 우리가 느꼈던 것, 우리가 보고 느낀 것, 오늘 나로서, 사회복지사로서 살아온 삶들을 바로 기록으로 남겨야 합니다. 기록으로 남기지 않으면 우리의 미래도 없다고 생각합니다.

세상살이 영리하게 살자고 만든 스마트폰에 끌려 다니지 말고, 의미 없는 사회적인 접촉은 아주 최소화하고, 시간 나는 대로 자기 역사, 일, 생각(현실에서 새롭고, 보람 있고, 가치 있게 살아보겠다는 다짐), 비전을 끊임없이 기록한다면 자신의 성장에 많은 도움이 될 것입니다.

기록한 글이 모두 좋은 글이 될 수는 없지만, 좋은 글, 마음을 움직이게 하는 글을 쓰고 싶다면 미사여구의 향연으로 이어지는 글이 아니라, 어떤 순간에 자신이 고요하게 자리 잡은 자신만의 공간, 아무도 침입해 오지 않는 고요하고 평안한 공간에서 자기 자신을 대면하고 정직하게 기록하면 됩니다.

그런 글이 늘 힘이 있고 매력 있는 글이 됩니다.

5. 나만의 콘텐츠를 글쓰기 창고에 담자

사회복지사인 당신은 나만의 글쓰기 창고가 있습니까? 책을 읽다가 가슴 속 깊은 곳에 묻어두고 싶은 문구를 발견하시면 적어두고 싶은 충동이 일어날 것입니다. 그럼 어디에 기록해야 할까요? 칼럼니스트들이 자주 활용하는 글쓰기 창고에는 '파란색 바탕'의 카페와 '녹색 바탕'의 블로그가 있습니다. 필자의 글쓰기 창고는 카페입니다. 글을 잘 쓰고 감수성을 높이기 위해서는 남이 쓴 글에 민감해야 하고, 좋은 문구는 '씨앗문장', '글의 재료'로 삼아야 합니다. 프로와 아마추어 글쓰기의 차이는 글 사료를 보아둔 글쓰기 창고의 유무 및 용량을 말할지도 모릅니다.

글쓰기 창고(대학교 화장실에서 발견) 중에서 좋아하고 즐겨 인용하는 글을 소개합니다.

공부를 많이 하면 공부가 늘고,
운동을 많이 하면 운동이 늘고,
요리를 많이 하면 요리가 느는 것처럼
무언가를 하면 할수록 늘게 된다
그러니
걱정하지 마라
더 이상 걱정이 늘지 않게

- <걱정하지 마라>, 글 배우

좋은 음악을 들으면 흥얼거리고 따라 부르고 싶듯이, 좋은 글을 보면 따라 베껴 쓰고 싶을 것입니다. 카페를 통해 또는 블로그를 통해 '파워블로거'가 되지는 못해도, 좋을 글 한 줄이라도 매일매일 채집해 보는 습관, 쓰는 습관을 가져보시면 5년 후, 10년 후에 사회복지현장에서 근무하지 않으면 알 수 없는 밀도 높은 경험들과 삶의 현장 등이 나만의 콘텐츠로 자리 잡을 것입니다.

다시 묻습니다. 사회복지사인 당신은 '나만의 콘텐츠'를 가지고 있습니까? 성공한 사람들은 대체로 자신만의 콘텐츠가 있고, 그 콘텐츠로 인해 사람들이 찾는다는 것을 알았습니다. "사회복지현장이 다 똑같지 뭐?" 하는 사람들도 많을 것입니다. 하지만 1차 현장(서비스를 직접 전달하는), 2차 현장(서비스를 간접적으로 전달하는)의 각각 다른 분야에서도 당사자와 지역사회가 복지를 이루고, 더불어 살게 돕는 사회복지사들이 있습니다. '이런 소소하고 당연한 일들이 컨텐츠일까?'라는 생각이 들지만 우리나라 사회복지현장에서 이런 일들이 잘 이루어지지 않기에 그렇습니다.

고규홍 나무칼럼니스트는 자신만의 콘텐츠를 찾기 위해 40세가 되던 해에 12년간 근무해 온 신문사를 사표 한 장으로 마감했다고 합니다. 누구는 이직을 하고, 이사를 할 때에도 치밀한 계획을 세운다지만 그에게 그런 비장한 각오는 없었습니다. 40세에 인생을 바꾸지 않으면 그가 생각을 읽을 수 있는 코드는 한 가지일 뿐일지도 모른다는 생각을 했던 것입니다. 새벽안개가 짙은 고속도로를 달리는 기분이었다고 합니다. 바쁘게 이어지는 하루하루. 언젠가부터 내 의지와는 상관없이 크게 휩쓸려가고 있다는 기분에 가슴이 점점 퍼석해짐을 느끼고 제2의 인생을 살기로 한 것입니다.

자신만의 글쓰기 창고를 마련하고 차근차근 매일 한 줄이라도 기록하시길 바랍니다. 시간을 견뎌내는 백지는 없습니다. 1개월, 6개월, 1년, 5년, 10년의 글쓰기가 모여 책이 될 수 있습니다.

어렵지 않습니다. 세상의 모든 것들은 자세히 바라보면 콘텐츠가 될 수 있습니다. 내 주의에 보이는 사물, 사람, 환경을 집요하게 파고들어가는 겁니다. 한 분야에 1,000일을 투자하면 남들이 관심을 갖게 됩니다. 사람에게 깊숙이 그리고 가깝게 다가서는 일을 하는 사회복지사에게 콘텐츠는 무한합니다.

더 나아가 인터넷 신문 <오마이 뉴스>에 시민기자로 가입하여 기사를 써보는 겁니다. <오마이 뉴스>에서 일하는 편집기자들이 당신의 농축된 글을 읽게 되면 기사를 전면에 배치할지도 모릅니다. 기사가 배치되면 시민기자에게 적게는 2,000원부터 많게는 50,000원까지 받을 수 있으니 얼마나 기쁜 일입니까. 내가 쓴 글이 인터넷 신문 중에 가장 영향력 있는 매체인 <오마이 뉴스>에 실리는 것도 고마운데 원고료까지 받는다니……. 생각만 해도 행복한 상상입니다.

사회복지사로서 바쁘다고, 힘들다고 하루하루를 정신없이 보내지 말고, 자신만의 콘텐츠를 잘 선택해서 개발하고, 그 콘텐츠를 통해 자신을 포지셔닝 한다면 '남다르다'라는 말을 들을 것입니다.

나의 영혼이 따라올 수 있는 시간, 즉 '글쓰기 시간'을 가져보시기 바랍니다.

글쓰기를 통해 큰 목소리를 내지 않지만, 친절하고 다정한, 전문성이 느껴지는 그런 존재감이 있는 사회복지사가 되실 겁니다.

6. 글 쓰는 사회복지사에게 미래가 있다

배가 고플 때는 밥을 먹고, 마음이 고플 때는 책을 읽어야 한다고 합니다. 독서는 사람을 풍부하고 깊게 만드는 것 같습니다. 더 나아가 독서에 그치지 말고 글쓰기를 해보면 좋겠습니다. 글쓰기는 독서와 상호보완적 존재입니다. 글쓰기는 인생을 정교하고 진지하게 살 수 있도록 도와줄 뿐 아니라 사회복지사가 걸어가야 할 길을 보여주는 역할을 합니다. 글 쓰는 사회복지사에게 미래가 있습니다.

1) 글쓰기가 의사소통의 수단이 되는 시대

세상을 살다 보면 세 가지 '통'이 중요하다고 합니다. '의사소통', '만사형통', '운수대통'입니다. 회식자리에서 하는 건배사가 있습니다. 오래전 중국 영화에서 나오는 '강시'에 착안한 '강시 건배사'입니다. '통! 통! 통!' 하는 겁니다. 세 가지 '통' 중 '의사소통'에 대하여 말씀드리고자 합니다. '의사소통' 어떻게 하면 좋을까요? 의사소통의 도구에는 머니머니 해도 머니(Money, 돈)를 포함하여 많은 도구가 있지만, 21세기는 글쓰기가 의사소통의 중심이 되는 시대입니다.

어느 조직에서나 그렇지만 사회복지조직에서 글쓰기는 곧 일하기입니다. 아침에 출근해서 출장을 신청하는 일부터, 초과근무일지 작성, 이메일 작성, 업무용 메신저 대화, 업무일지 작성, 사례관리, 보고서 및 기안문 작성, 제안서 작성, 행사 시나리오 작성, 보도자료 송부 등 업무 대부분이 글로써 이루어지고 있습니다. 글을 잘 쓰는 동료를 보면 부럽습니다. 그런 능력을 소유한 사회복지사를 보면 일처리도 빠르고 일도 잘합니다. 글쓰기가 업무효율성으로 이어지는 시대가 열렸기 때문입니다.

2) 글 잘 쓰는 사람이 조직의 리더

글을 잘 써야 하는 이유가 있습니다. 글 잘 쓰는 사람이 사회복지조직의 리더로 귀결될 수는 없지만 대체로 리더는 글을 잘 쓴다는 것을 경험을 통해서 알았습니다. 사회복지업무의 모든 업무는 글쓰기를 통해서 이루어지는 것이 보통입니다. 조직에서 인정받는 직원은 보고를 타이밍(너무 늦으면 쓰레기통으로, 너무 이르면 최선을 다하지 않았다고 오해)에 맞게 하는 것은 물론이고, 소식지든 보고서든 자료를 일목요연하게 정리하고 요약

합니다. 또한 글쓰기 능력이 특기인지 아니면 정성인지는 모르겠지만 누굴 만나건 상사 앞에 놓이는 몇 장의 종이를 볼 수 있습니다. 대화 자료를 내놓는 것입니다. 빠른 글쓰기를 통해 상대방이 최근에 하는 일, 축하하거나 위로할 일, 석·박사학위 수여, 책 출간 등을 기록합니다. 이런 사회복지사를 누구보다 먼저 승진시키고 싶을 겁니다. 리더와 기관장이 될 가능성이 높은 직원입니다.

3) 당사자의 삶을 기록함으로써 자기 삶을 살 수 있도록

기록을 통해(동의를 얻어야) 당사자의 삶에 깊숙이 다가가 당사자가 삶이 어려워도 자기 삶을 살 수 있도록 도와줍니다. 기록을 하다 보면 사람을 어떻게 봐야 하는지 알고 그 시각이 결과를 다르게 만들 수 있다는 것을 깨닫게 됩니다. 장애가 있어도, 치매가 있어도, 생활이 어려워도 끝까지 자기 삶을 사는 존재로 보고 도와주어야 합니다. 그래서 당신의 인생에 관해 묻고, 의논하고, 여쭙고, 부탁하고 기록하기를 게을리해서는 안 됩니다.

또한 초기면접도, 욕구사정도, 사례회의도, 계획수립도, 진행과 종결, 심지어 과정 기록도 당사자와 함께합니다. “정부의 도움을 받는 신세여도, 약해지고 심지어 의식이 희미해져도, 이렇게 나를, 지나온 내 인생을 존중하며 물어가며 도와주어서 참 고맙다”고 합니다.

제 3 장

글쓰기의 용도

제3장 글쓰기의 용도

1. 힐링(Healing) 글쓰기

몸과 마음을 치유하는 것을 힐링이라 합니다. 힐링(healing) 글쓰기란 몸과 마음을 치유하는 글쓰기를 말합니다. 눈에서 흐르는 눈물은 휴지나 손수건이 닦아주지만 마음에서 흐르는 슬픔, 고뇌, 외로움 등의 눈물은 글쓰기가 닦아주곤 합니다. 글쓰기를 통해 마음샤워를 해보시기 바랍니다.

글쓰기는 힐링의 기능이 있습니다. 살면서 애써 외면해 왔던 것을 마주하게 하거나, 말하고 싶은 것들을 말하게 하거나, "잘 될 거야", "나만 그런 게 아냐" 등의 상처를 보듬어 주거나, 걱정 · 근심 · 슬픔의 감정을 떠나보내거나 태워 날려버리는 기능이 있습니다.

우리가
신호등을 기다릴 수 있는 이유는
곧 바뀔 거란 걸 알기 때문이다
그러니 힘들어도 조금만 참자

곧 바뀔 거야
좋게

- <신호등처럼>, 글 배우

필자는 사랑하는 사람을 만나 결혼을 하고, 두 아이의 아빠가 되고, 가족의 보금자리를 만들고, 사회복지조직에서도 자리를 잡았지만 마음은 가난하고 허전합니다. 마흔 살이 가까이 오면 나 스스로에 대해 공부해야 한다고 하던데……. 그래서일까요? 문득 이런 생각이 듭니다.

사회복지사들이 일하는 현장은 소외된 그늘에서 어렵게 생활하는 사람들이 자원에 다가서게 하는 일과 인생을 불편하게 살아온 그들과 소통하는 일들의 연속입니다.

- 욕설이나 저주, 자살에 대한 협박, 가족협박, 고소 등 언어적 폭력
- 물건 던지기, 움켜쥐기 혹은 붙잡기, 밀기, 침 뱉기 등 신체적 폭력
- 성적 수치심 발언, 신체적 접촉, 음란물 보여주기, 성기노출 등 성적폭력
- 업무방해, 질병감염에 대한 걱정, 지속적인 전화나 문자 등 기타폭력
- 부양의무자 기준으로 인해 정부 도움을 받지 못하는 저소득층을 도와주기 위해

사회복지관 바자회 할 때 헌옷을 파는 모습을 보고 지역사회 동네 옷가게에서 항의할 때…… 선한 의도도 환영받지 못할 때…… 설명하고 대변해야 하는 등 사회복지사들이 만나야 하는 사람들은 매우 힘든 삶을 살아갑니다. 일상의 복잡한 도전과 문제를 안고 씨름합니다. 가난, 중독, 신체질환, 정신질환, 가족갈등, 법적 문제 등 다양한 문제를 안고 있습니

다. 그뿐만 아니라 위험하고 붕괴되어 가는 지역에 거주하기도 합니다.

2004년부터 10년이 넘는 기간 동안 수많은 당사자의 삶에 간접인 또는 주변인으로 참여하고 있습니다. 많은 사람들의 아픔과 어려움을 진정으로 가슴 아파해 주어야 하고, 상처와 고통에 억눌려 도망갈 곳 없어 마지막 문고리를 잡은 사람들의 편이 되어주어야 합니다. 하지만 가끔 지칠 때가 있습니다. 그리고 두려울 때가 있습니다. 공연히 나섰다가 귀찮은 일을 당하거나 손해 보는 일이 생길 수도 있기 때문입니다. 사회복지사도 사람이기에 멈추고, 고민하고, 망설여집니다.

몸과 마음이 아파 찾아오는 당사자에겐 사회복지사가 있지만 우리 사회복지사들은 업무로 인해 어둠 속에 마음이 가득해질 때 등불을 밝혀줄 수 있는 환경이 부족한 것이 현실입니다.

한편 사회복지사는 야근이 일상입니다. 프로그램의 계획, 준비, 실행, 보고, 평가 등 일련의 과정을 혼자 담당해야 하기 때문에 업무량이 너무 많습니다. 당사자와의 만남(가정방문 등)과 상담도 벅찬데 말입니다.

하루 종일 누구보다 바쁘게 뛰어다니다가 일하는 책상에 앉으면 어지럽게 흩어져 있는 서류와 오늘 처리해야 할 행정업무가 가득 쌓여 있습니다. 한숨만 나올 뿐입니다. 다음 주에 진행될 프로그램 계획서, 프로그램 운영일지 및 결과보고서 작성, 데이터베이스 시스템 입력 등 말 그대로 '행정매몰' 상태로 살아가고 있습니다. 비생산적임을 알고도 야근을 안 할 수도 없습니다. 일이 많기 때문입니다. 점점 지쳐갑니다. 사람을 위한 일이기 때문에, 타인의 삶에 영향을 주기 때문에 책임과 의무가 존재하기 때문에 일을 대충할 수도 없습니다.

그래서 환경은 바꿀 수 없기에 나름대로 현실세계로부터 유리되기 위해 하는 일이 있습니다. 사회복지사로서의 삶은 지속하되 나만의 힐링 방법……. 바로 글쓰기입니다. 내 주위를 억누르고 있는 것들, 일상생활에서 겪게 되는 아픔, 오해, 실망을 잊고자 할 때 글쓰기를 하면 잊을 수 있습니다. 글쓰기를 하다 보면 오롯이 나의 시간을 가질 수 있기에 효과적인 망각제로 작용합니다. '안 좋은 기억 삭제' 기능 글쓰기를 해보시길 바랍니다.

글을 쓸 때는 마음이 깨끗해지고 순수해집니다. 미래가 불분명할 때, 나를 보호하고 싶을 때, 나의 삶을 이해해 주지 못하는 사람들이 있을 때, 당사자와의 관계가 불편할 때, 삶의 의미가 퇴색되어 갈 때, 불안한 일이 생길 때 등 글을 쓰면 아픈 마음, 불안한 마음을 잡아주고 말과 행동도 다듬을 수 있습니다. 두서가 없어도 좋습니다. 생각한 그대로, 나의 감정을 그대로, 어떠한 미화법도 필요 없이 그냥 적어보기를 권유합니다. 글을 쓰다 보면 많은 것으로부터 자유로워지는 것을 느낄 수 있습니다.

사회복지사와의 삶과 많이 닮아 있는 김장훈의 '소나기'를 들어보고 읽어보시면 힘이 됩니다. 이런 글 사회복지사의 아름다운 손에서 나올 수 있습니다.

> 잠시뿐일 거야 곧 끝날 거야 또 해가 뜰 거야
> 갑자기 왔다 적시고 간다 소나기 소나기
>
> 날이 참 좋았는데 화창했는데 말없이 내리네
> 갑자기 왔다 적시고 간다 워
>
> 우산 없이 살다가 아주 흠뻑 젖었네
> 정신없이 살다가 울다가 웃다가 울다가 웃어야지 소나기
>
> 내가 눈을 떠야 세상이 있어 눈 감으면 되잖아

잠시 꿈을 꾸면 그리고 눈을 뜨면 괜찮아 오

내가 찾아가야 인생이 있어 또 내일이 있잖아
오늘 하루만 소나기

- 김장훈의 '소나기'

2. 내 길을 묵묵히 가기 위한 방법

사회복지사가 꿈꾸는 사회는 부자라고 해서 거만하지 않고, 가난하다고 해서 위축되지 않고, 장애를 가져도 낙담하지 않고, 아동과 청소년은 좋은 보육과 교육으로 미래에 대한 꿈을 지니고, 노인이 되어서도 일정한 수입이 있어 자녀에 의존하지 않고 활동적으로 살아가는 사회이다. 이러한 사회는 상생의 정신과 연대의 가치가 바탕이 되어 있어야 가능하다. 이러한 사회가 될 수 있다면 오랜 세월 동안 건강한 행복한 사회가 될 것이다.

- 박병현 교수, 『사회복지로의 초대』

우리 사회는 '삶의 속도를 한계 짓고 그 한계가 계속 유지되어야만 생활을 풍요롭게 살 수 있다'고 하는 '속도전(速度戰)'의 시대입니다. 시간이 흐르면 흐를수록 가속이 붙어 브레이크 없는 자전거처럼 통제할 수 없는 상황에 이르렀습니다. 뒤처지면 융통성 없는 사람, 무능한 사람으로 인식됩니다. 기관이 정한 기준과 필요에 맞춰 불평 없이 가주는 사람이 유능한 사람이라 합니다. 더 나아가 이제는 속도의 노예가 되어 빠르게 사는 '삶'을 강요받습니다. 그 속도를 유지하기 위해 우리는 가족과 보내는 시간과 에너지보다는 조직의 변화와 유지를 위해 시간과 에너지를 쏟아붓습니다.

속도와 에너지를 쏟아부으면 산출은 높습니다. 가시적인 성과도 보입니다. 하지만 꼭 그렇지만은 않습니다. 속도보다 기다리고 지켜봐야 할 때도 있습니다. 꽃은 봄이 와야 피어나지 물을 많이 준다고 피지 않습니다. 빨리 피어나라고 물을 기준량보다 많이 주면 뿌리가 썩기 쉽습니다. 농부에게 배운 지혜입니다. 또한 평가와 보고를 위해 '속도전'으로 대상을 선정한 대상자들은 한낱 실적으로 전락할 수 있습니다. 누구를 위한 복지인가요? 사람과 사람으로 이어지지 않는, 인간미를 상실한 기계적인 관계는 사회를 병들게 하고 일어나려고 노력하는 사람들을 주저앉게 만듭니다.

사회복지사로서 어떤 마음과 다짐 그리고 속도로 살고 있습니까? 사회복지사는 어떤 삶을 마음에 품고 일하는 사람일까요? 사회복지사로서 어떤 세상을 꿈꾸고 있습니까? '사회복지사'라는 이름을 가지고 일을 하고 있습니까? 스스로에게 사회복지사라고 말할 수 있습니까? 하고 있는 일의 목표를 가지고 일하고 있습니까? 속도에 연연하지 않고 삶의 주인으로 삶을 주도해 나가고 있습니까? 당사자 또는 이웃들에게 어떤 삶을 제안하고 있습니까?

아니면 사회복지기관 또는 공공기관 종사자로 살고 있습니까? 월급을 위해 살아가는 사회복지사 입니까? 어설픈 지식으로 전문가라고 말하면서 당사자의 삶을 침해하거나 요구한 적 있습니까? 사회복지사들에게 물어보고 싶은 질문들입니다. 이러한 질문들을 스스로 많이 던져봐야 합니다. 내 길을 묵묵히 가기 위한 방법일 수도 있고, 무엇보다 잊지 말아야 할 것은 우리의 일이 사람을 위한 일, 타인의 삶에 영향을 주는 일이기 때문입니다.

사회복지사들의 환경은 열악합니다. 페달을 멈추면 넘어지고 마는 자전거처럼, 예산확보와 실적달성을 위해 죽어라 돌리고 불안하게 사회복지현장을 유지하고 있습니다. 넘어질까 노심초사 바쁘게 돌립니다. 힘들고, 승진도 어렵고, 낮은 급여……, 제한된, 아주 제한된 공간과 조직에서 살아갑니다. 그 제한된 공간을 '너무 좁아. 열악해. 답답해. 재미없어'라는 마음으로 생각하면 일하기 싫고 소진이 빨리 올 수 있습니다. 반대로 열악하지만 나에게 일을 할 수 있는 기회를 준(초심으로 돌아가……) 조직의 공간에서 내가 빨대를 꽂아서라도 숨 쉴 수 있는 한 줌의 공기가 있다고 생각하고 일한다면, 그 한 줌의 공기가 내 길을 흔들리지 않고 갈 수 있는 힘이 되어줄 수도 있습니다.

한편 '복지'를 바라보는 우리의 시각은 어떻게 가져가야 할까요? 경제논리를 중시하는 학자와 관료들은 '복지정책은 무조건 최소화해야 한다'는 '낙수효과'[1])를 주장합니다. 복지정책이 많으면 많을수록 좋다고는 생각하지 않습니다. 복지정책에 대해서 '보편주의와 선별주의' 등 많은 논쟁들이 있지만, 무조건 도와주기만 하는, 자조를 상실한 지원은 하지 말아야 합니다. 우리 모두는 스스로 일어나서 걸어갈 수밖에 없는 인생들이기 때문입니다. 하지만 쓰러지고 아픈 사람들을 내버려두고 밟고 지나

---

1) 적하효과라고도 한다. 정부의 투자 증대는 나아가 총체적인 국가의 경기를 자극해 경제 발전과 국민복지 향상을 가져오게 된다. 정부가 성장과 분배의 선순환을 위해 복지재정 지출을 확대해 성장의 과실이 저소득층에게 돌아가도록 하는 것도 일종의 낙수효과라고 할 수 있다.
이 이론은 국부의 증대에 초점이 맞추어진 것으로, 분배보다는 성장에, 형평성보다는 효율성에 우선을 둔 주장이다. 이 이론에 바탕을 둔 정책은 미국의 조지 부시 전 대통령과 공화당이 채택했으며, 반대로 분수효과(fountain effect)는 버락 오바마 대통령과 민주당에서 채택한 정책이라 할 수 있다.

가는(사회복지사들은 마인드가 중요하다고 하지요) 것도 또한 도리가 아닙니다. 그렇기 때문에 사회복지사들은 '자기조절', '자기규제'를 끊임없이 해야 하고, 고민하며 노력해야 합니다.

어떤 동기와 이유로 사회복지사가 되었든 간에 처음 사회복지현장에 발령받았을 때를 생각하면서, 내가 서 있는 이 길이 바른 길이라 생각하면서, 지금 자신이 선택한 길에 대한 꿈을 설계하고 이루어 가면서 그 길을 묵묵히 가는 자세가 필요합니다. 어떤 사람도 내 길을 똑같이 가본 적이 없기에 그 결과도 알 수 없습니다.

이왕 갈 거라면 '시키는 일만 하자'라고 생각하지 마십시오. 그러면 내가 최고라고 생각했던 이 직업군에서 오히려 스스로 소외되어 버립니다. 밥벌이 수단으로 전락합니다. 그리고 내 의지 없이, 직업의식 없이 하는 일들의 시간은 쌓이고 쌓일수록 인생을 불행하게 만드는 단초를 만듭니다. 남는 것도 없습니다.

조직에서 내가 선택한 길을 묵묵히 가고 싶고, 당사자들의 삶이 나아지길 바라며, 사람들이 서로 살피는 삶, 더불어 살아가는 지역사회를 만들고 싶다면 하던 일을 멈추고 '생각의 전환'을 가져다줄 수 있는 시간을 꼭 가져보시기 바랍니다. 모든 숨을 코로 들이마시듯이 오롯이 생각만 하는 시간을 말합니다. 여행도 좋습니다. 그리고 책을 읽고 글도 쓰는 시간도 가지시기 바랍니다. 읽기, 쓰기로 이어지는 시간이 많아지면 많아질수록 내 길을 바르게 갈 수 있습니다. 어디로 가야 할지를 알아야 걷기를 시작할 것이 아닙니까?

다시 한 번 말씀드리지만, 읽은 사람이 쓰는 사람이 되고, 쓰는 사람이 이끄는 사람이 됩니다(한겨레신문, 2015. 6. 11).

글쓰기는 내 길을 잘 가고, 당사자들이 자기 삶의 주인이 아닌 구경꾼으로 살지 않도록, 살아 있는 한 끝까지 당신 삶을 살 수 있도록 복지를 할 수 있는 도구임을 잊지 말아야 합니다.

이 글쓰기를 통해 사회복지사의 마음가짐을 다시 한 번 생각합니다.

3. 상사에게 배우는 글쓰기

꿈이 현실이 되는 가수 오디션 프로그램 K-pop S***에는 심사위원 세 명이 있습니다. 박진영, 양현석, 유희열 심사위원은 가수를 꿈꾸는 사람들을 위해 충고와 조언을 아끼지 않는 사람들입니다. 그중 양현석 CEO의 교육방식이 제가 신규 사회복지사로 일하면서 글쓰기의 어려움을 겪던 때와 오버랩되면서 기억 속에 자리 잡았습니다. 양현석은 "저는 가장 좋은 교육은 자극이라고 생각해요. 소속가수들을 보듬어 주는 JYP, 소통을 중시하는 안테나, 하지만 저는 교육방식이 달라요. 자극을 주죠. 살아남을 때까지. 가장 큰 자극을 받는 건 자기보다 엄청 잘하는 사람을 보면 더 발전할 수 있어요"라고 말했습니다.

글쓰기에 '글'자도 모르는, 글쓰기가 두려운 필자는 신규 사회복지사로 발령을 받아 보고서를 작성한 적이 있습니다. 사회복지사는 기본적인 출장보고서를 시작으로 상담일지, 결과보고서, 사례관리일지, 말씀자료, 시나리오 작성, 기획서 및 보고서 작성, 기사작성 등 글쓰기가 직장생활의 시작과 끝이라고 할 수 있습니다. 처음 부여받은 과업은 새로운 프로그램을 기획하고 보고하는 기획보고서를 작성하는 일이었습니다. 보고서는 회의, 출장 보고서처럼 상황이나 실태를 보고하는 일반형 보고서와 아이디어를 넣어 대안을 제시하거나 기획(혹은 제안)하는 보고서가 있습니다.

아침부터 시작한 보고서는 한글 프로그램의 하얀 창이 노랗게 변한(눈의 피로와 스트레스로……) 시간 저녁까지 한 자도 쓰지 못하는 상황에 이르렀습니다. 신규직원의 능력을 아는 상사는 능력과 태도를 확인할 수 있는 기회라 생각했던 모양입니다. 역시 직장인은 기한을 줘야 하는 것일까요? 이틀의 시간을 더 주고 꼭 작성해 볼 것을 지시하면서 기획실에서 만들어 낸 잘된 보고서를 책상 위에 올려놨습니다. '그래 한번 해보는 거야', '난 신규야' 하고 쓰고 지우기를 열 번 이상 반복하면서 만들어 낸 보고서가 고작 3페이지이었습니다.

보고라인의 도장을 찍고 결재서류를 들고 상사의 책상 앞으로 갔습니다. 그리고 줄곧 당황스러웠습니다. 처음 제목부터 빨간색으로 체크를 하더니 국어교과서에 나오는 교정 기호들이 줄을 지어 나오기 시작했습니다. 결국 한 페이지 정도로 줄여진 보고서를 들고 업무책상으로 돌아와야 했습니다. 사회복지사 경력이 5년 많은 선임 사회복지사 선배는 '그래도 후배는 양호해. 난 고심 끝에 써서 낸 보고서를 퇴짜 맞는 것은 일쑤고, 무엇이 문제인지 그 원인조차 모르고 꾸중을 들은 적이 한두 번이 아냐'라고 말하는 것입니다.

누가 봐도 멋지고 잘된 보고서를 보고 그대로 흉내를 내보았지만 기본 없이 작성한 내 보고서는 축구 국가대표가 동네축구를 하는 초등학생의 경기를 관람하는 정도였을 것입니다. 그때부터 시작이었습니다. A4용지 여러 장을 가져오라고 하더니 차근차근 잘된 보고서와 자료를 가져다 주고 먼저 보고서를 작성하라고 한 뒤에, 내가 작성한 보고서를 차근차근 짚어가며 가르쳐 주었습니다. 무엇보다 열정이 있어야 한다고 했습니다. 특히 사회복지사에게 열정만 있다면 사업비나 가용자원이 부족하더라도 열정과 의지를 믿고 도움을 줄 사람이 얼마든지 나타날 것이라 했습니다. 열정이란 잠을 자거나 밤을 새거나 24시간 내내 그 한 가지 일을 생각하고 있는 마음 상태이나 불가능하기에 **'항상 마음을 쓰고자 하는 태도'**가 중요하다고 말입니다. 그때는 바쁘고 힘들었지만 내 상사의 직장 내 훈련, OJT(On the Job Training)[2]은 탁월했다고 말하고 싶습니다.

자신이 가지고 있는 힘을 모두 쏟아부었다면 그 결과에 연연하지 않는다. 그렇게 땀 흘린 과정에서 보람을 찾고, 더 큰 목표를 향해 나아가면 된다. 신은 스스로 돕는 자를 돕고, 땀 흘린 사람의 땀 냄새를 배신하지 않는다. '당신의 노력을 보니, 당신을 도와주고 싶은 마음이 절실해진다'며 신이 손을 내밀 정도로 자기 일에 대한 무한한 집념과, 더 높은 목표를 향해 나가는 의지를 가진 사람만이 성공할 수 있다. 위대함과 평범함의 차이는 결국 마음가짐과 노력이라는 1퍼센트에 달려 있다.

- 이나모리 가즈오 『왜 일하는가』 중에서

상사에게 글쓰기에 대해 잘 배웠다면 이제는 상사를 위해 해야 할 일이 있습니다. 선임 사회복지사에게 자주 물어보고 질문하는 후배 사회복지사들이 인정을 많이 받는다는 알게 되었습니다. 사소한 질문이라도 물어봐 주십시오. 인간을 예쁘게 완성하는 건 외모가 아니라 예쁜 말이라고 합니다. 예쁘게 선임 사회복지사에게 자주 물어봐 주세요.

한편 보고서, 기획서, 신문기사, 인사말, 시나리오 등 다양한 종류의 글쓰기는 우선 쉽게 쓸 것과 **'POINT'** 구조의 형식으로 써야 한다고 했습

---

2) 직장 내 교육 및 훈련. 종업원과 경영자가 직무를 수행함으로써 기업목적 달성에 기여하는 동시에, 직무에 대한 훈련을 받도록 하는 제도다. 팀워크 조성이나 영향력이 강한 직속 상사가 업무에 대한 지식, 기능, 태도를 포함한 전인교육을 실시함으로써 사풍의 확립과 개인의 능력개발에 대한 성취감을 갖고 체계적 업무수행 능력을 배양하게 돕는다(출처 : 다음백과사전).

니다. 'POINT' 구조는 PS(Point Sentence) - 핵심문장, I(Information) - 보고배경, O(Object) - 보고대상, T(Thought) - 의견, N(News) - 참고자료로 구성합니다. 어떤 내용을 보고할 때 한두 줄로 요약한 핵심 문장이 맨 처음에 들어가야 설득력을 주어 신뢰 있는 보고서가 될 수 있다고 했습니다.

직장 내 교육훈련, OJT(On-the-Job Training)를 통해 상사에게 배운 보고서, 신문기사, 인사말, 시나리오, 소책자 만들기의 원칙은 이렇습니다.

보고서는 'POINT' 구조를 바탕으로 될 수 있으면 원 페이지(one-page)로 작성합니다. 기획서와 보고서가 융합된 기획보고는 제목, 제안배경, 제안내용, 실행방안, 기대효과 등으로 구성하여 보고합니다.

신문기사는 간명하고 함축적인 제목, 구어체로, 사건(사안)의 의미와 중요성 강조, 첫 문장은 완결성을 갖추고, 본문은 역피라미드 형식으로, 과장하지 말고 진실에 충실히, 독자 입장에서 쉽게 쓰기, 육하원칙에 따라, 핵심이 무엇인지 분명하게, 문장은 단문으로, 코멘트 따기, 현장감이 있어야 함 등입니다.

인사말은 형식을 갖춘 예의문으로, 상대방에게 호감을 주고, 상대방에게 폐를 끼치지 않고 편안하게 배려하며, 상대방을 존중해 주는 글로 작성하는 것이 좋습니다. 진심 어린 마음이 담긴 짧은 글이면 더욱 좋습니다.

시나리오는 모든 직위는 공식명칭을 사용하고, 행사의 전 과정이 한눈에 들어올 수 있도록 알기 쉽게 작성해야 하며, 적당한 경어를 사용하여 말하듯이 부드러운 문맥으로 작성합니다.

소책자 만들기는 첫째, 책을 쓰기 위한 아이디어가 있어야 하고, 둘째, 시장과 트렌드를 분석해서 클라이언트의 입맛에 맞는 소책자를 만들도록 기획하여야 합니다. 셋째, 책을 쓸 재료들(복지실천기록 등)을 모아야 합니다. 넷째, 글쓰기를 위해 종이책, 사람책 등을 많이 읽고 다양한 계층의 사람들과 소통하면서 꾸준히 글을 써가는 것입니다.

퓰리처상의 기원이면서 미국 신문의 경영자인 **조지프 퓰리처**(Joseph Pulitzer, 1847~1911)는 **"무엇을 쓰든 짧게 써라. 그러면 읽힐 것이다. 명료하게 써라. 그러면 이해될 것이다. 그림같이 써라. 그러면 기억 속에 머물 것이다"**라고 말하였습니다.

4. 요약과 정리를 위한 글쓰기

'하늘은 스스로 돕는 자를 돕는다'고 말한다고들 합니다. 하지만 인생은 운칠기삼(運七技三)이라 했습니다. 운칠기삼이란 세상사가 자기 뜻대로 되기보다는, 워낙 다양한 이해관계인이 먹이사슬처럼 얽혀 있어 혼자의 힘과 노력도 중요하지만 주변의 환경이 잘 맞아야 성공할 수 있다는 경험적 사실이 집약된 말입니다. 간절히 관리자가 되고자, 승진하고자 꿈을 꾼다고 해도 이루어지지 않는 것이 세상의 이치입니다. 그렇다고 앞에서 날아온다는 돌, 운명만 믿고 노력하지 않을 수 없습니다. 이 세상 대부분의 사람들은 꿈을 실현하기 위해 현재를 유지하며 살아가는 평범한 사람들이기 때문입니다.

운이 70%인 상황을 '다운'시키고자 하는 노력이 필요할 것입니다. 즉, 능력 30% 상황을 '업'시켜야 한다는 뜻입니다. 휘발유 없는 자동차는 가질 않듯이 노력해야 합니다. 욕심을 부려봐야 합니다. 그 욕심은 바로 노력이고, 노력 중에 보고를 잘하는 것입니다.

정문호 사무관은 『선배가 들려주는 멋진 사무관되기』에서 “보고를 잘 해야 한다”고 말하고 있습니다. 사회복지사로서 근무하며 중요하게 생각해야 할 부분은 상급자에게 보고를 잘하는 것이라고 합니다. 그러면서 “내가 보고를 안 해도 부서장이나 기관장은 우리 팀이 무슨 일을 하는지 다 알고 있겠지” 하는 우를 범하지 말라고 합니다. 덧붙여 “기관장에게 결재를 받을 일이 거의 없는, 일상적인 업무를 수행하는 부서도 보고를 해야 하고, 특히 직속상관에게는 수시로 업무추진이나 흐름을 보고해야 한다”고 말하면서 자신의 업무에 대한 열정을 보여줄 기회이므로 보고할 내용이 없으면 내용을 만들어 들고 들어가서 결재를 받아야 한다고 했습니다.

보고를 잘하는 사람의 특징은 무엇일까요? 요약과 정리를 잘하는 사람입니다. 사전에서 찾아본 요약은 말이나 글 등의 요점을 간추려 내는 것을 말하고, 정리는 일정한 순서나 체계를 가진 상태가 되게 하는 것이라고 말하고 있습니다.

요약과 정리를 잘하는 사회복지사를 주위에도 찾아볼 수 있습니다. 그 직원은 팀장, 부장, 부기관장, 기관장이 누굴 만나건 대화에 앞서 한 장으로 요약한 한 장의 종이를 내놓습니다. 참 신기할 따름입니다. 업무가 바쁜데도 불구하고 원활하고 성과 있는 대화를 이끌 수 있도록 자료를 상관 앞에 내놓습니다. 한 장의 대화 자료에는 인터넷으로 검색한 수상이나 학위수여, 책 출간 등 축하할 일, 기관장의 관심사, 상대방의 관심사, 통계나 사례 등이 담겨 있습니다. 우리 사회복지사들도 소소한 만남이라도 대화할 일이 있을 때는 머릿속에 대화 자료를 정리하는 습관을 들이면 좋겠습니다.

찰스 다윈은 『종의 기원』에서 “많이 써라. 그리고 줄여라”라고 했습니다. 사회복지사의 업무 중 보고는 업무의 시작과 끝입니다. 그 보고의 본질은 바로 요약과 정리일 것입니다. 관심 있는 분야, 예를 들면 노인복지, 장애인복지, 청소년복지, 사회보험, 기초생활보장 등 보고자가 관심 있는 분야를 생각합니다. 그리고 나서 국립중앙도서관, 국회도서관, 전문학술지에 들어가서 '주제어'를 타이프해서 기존 논문들과 서적의 추록을 발췌하고 프린트 해놓으면 됩니다. 이뿐 아니라 자료는 기존보고서, 언론보도자료, 인터넷검색정보, 기관장의 말씀 등 다양합니다.

『회장님의 글쓰기』 강원국은 "두 가지만 갖추면 좋은 보고서를 쓸 수 있다"고 말하고 있습니다. 자료가 하나일 때는 그것을 자신의 시각으로 압축하고 요약하면 되고, 두 가지 이상일 때는 종합하고 정리하면 된다고 합니다. 문제는 취사선택인데, 많은 보고 내용 중에 보고서에 담을 내용만을 선별하는 일이 무엇보다 중요하다고 할 수 있습니다. 보고를 해야만 하는 목적이겠지요.

그 다음은 정리입니다. 정리에 효과적인 방법을 알려드리고자 합니다. 박사논문을 쓰면서 끊임없이 했던 작업, 바로 범주화입니다. 범주는 많을수록 좋은데, 범주(category)란 '같은 성질의 것이 딸려야 할 부류 또는 범위', 사물의 개념을 분류할 때 가장 기본적이고 보편적인 최고의 유개념(類概念)을 의미합니다. 즉, 범주는 여러 개념들을 성질에 따라 나눈 큰 갈래라고 할 수 있습니다(최옥채, 2008).

질적연구논문을 배우고자 대구대학교 가톨릭대학교에서 진행했던 첫 번째 작업이 단추를 분류하는 일이였습니다. 200여 개의 단추를 책상 위에 올려놓고 분류해 보라는 것이었습니다. 비슷한 성질의 것끼리 묶는 것이었습니다. 단추색깔, 단추모양, 단추크기, 구멍 수, 재질 등을 토대로 몇 개 개념을 하위범주로 묶고, 다시 몇 개 하위범주를 한 개 범주로 묶은 결과, 하위범주(40)－중간범주(10)－상위범주(3)를 도출해 낼 수 있었습니다.

카테고리 작업을 하는 긴 시간 동안 일정한 순서나 체계를 가진 상태가 되는, 정리의 느낌을 몸소 체험할 수 있었습니다. 더 이상 범주를 도출해 낼 수 없을 때 우리는 범주화를 멈추었습니다. 질적연구에서는 이러한 상태를 '**이론적 포화상태**'라 부르고 있습니다.

요약과 정리를 위한 글쓰기란 보고를 잘하기 위한 방법입니다.

출근해서 퇴근할 때까지 글쓰기를 주된 업무로 하고 있는 사회복지사는 요약과 정리에 능숙해져야 합니다.

열정적으로 일을 했음에도 불구하고 핵심 메시지를 담아내지 못한 보고서가 된다면 인정받지 못할 것입니다. 클라이언트가 끝까지 삶이게끔 도와준 일, 잘한 일 등을 보고서에 잘 담아내야 하겠습니다.

이왕이면 보기 좋은 떡이 먹기 좋다고, 보고자의 섬세한 배려와 정성이 느껴지는 보고서, 감동과 실천이 듬뿍 스며 있는 보고서가 되었으면 좋겠습니다.

5. 조직에서 인정받으려면 편지를 써라

관계의 질을 높이고 소통의 양을 늘리기 위해서는 상사와 온·오프라인에서 자주 만나야 합니다. 바쁜 일상 속에서 자주 활용되는 것이 온라인 소통도구들입니다. 전화, 문자, 이메일, 편지 등에서 자신의 스타일과 환경에 맞는 도구를 사용하면 될 것입니다.

사용자 간의 자유로운 의사소통과 정보 공유, 그리고 인맥 확대 등을 통해 사회적 관계를 생성하고 강화시켜 주는 온라인 서비스, 즉 소셜 네트워크 서비스(SNS : Social Network Service)를 사용하는 사람들이 급증하고 있습니다. 하지만 SNS는 겉치레식으로 다중에게 보여주다 보니 진정한 속마음이 나타나기에는 한계가 있습니다.

스마트 방식과 달리 편지는 장점이 많습니다. 편지는 디지털이 아닌 아날로그 방식, 느림의 미학이 있고, 진심을 잘 전달할 수 있을 뿐 아니라 지금 당장 감사를 표현하고 싶은 사람, 소원해졌던 관계를 다시 다지고 싶은 사람, 좀 더 친밀해지고 싶은 사람, 관계로서 다루어야 하는 사람까지 생각보다 많은 관계에 적용할 수 있습니다.

사회복지사는 사회적 약자와 상황적 약자가 제 마당, 제 삶터에서 자기인간관계와 일상생활을 할 수 있도록 좋은 구실을 마련해 줄 수 있어야 하고, 지역주민들과 둘레사람들로 하여금 지역사회에 두루 복지가 스며들어 흐르게 할 수 있어야 합니다.

또한 사회복지사는 본연의 직무에 몰입할 수 있고, 인정받으며, 클라이언트를 한 번이라도 더 만날 수 있는 시간을 가지려면, 공동체 내에서 지혜롭게 역할을 담당하는 가정과 조직을 융합하게 하고 따뜻한 분위기를 형성하려면, 구김살 없이 사회복지하려면 상사와 소통의 양을 늘려야 합니다. 그 소통의 도구로 편지를 활용해 보십시오.

모든 것을 혼자 할 수 없습니다. 그러기에 직속 선임 사회복지사, 팀장, 과장, 부장, 기관장에게 자기가 맡은 업무영역 내에서 고민하고 점검한 내용들을 담은 편지를 써야 합니다.

우리가 일을 하다가 무언가에 막히거나, 누구보다 열심히 일을 했는데도 승진에 어려움이 있을 때, 답이 없는 업무에 고민하고 있을 때도 편지를 써야 합니다. 상사는 하고 있는 업무에 대하여 자주 물어봐 주는 사회복지사를 좋아합니다.

편지를 쓰면서 사회복지사는 마땅함을 기준으로 삼고 일을 하고 있는지, 모든 걸 다 해줄 수 있다는 태도로 일을 하고 있지는 않은지를 점검해 보는 시간도 가질 수 있습니다.

주고받은 편지 속에서 서로의 답을 찾을 수 있을 뿐 아니라 신나게 일할 수 있는 계기를 마련해 줍니다.

시간과 정성을 많이 들여야 하는 손편지가 아니어도 좋습니다.

업무 메일편지, 메신저 쪽지를 통해 지금 진행하고 있는 일, 궁리한 것들을 신지하게 묻고, 부탁하십시오. 자기 주도적이고 책임성 있는 업무추진을 위해서 필요한 일들입니다.

우리 사회의 가장 아프고 힘든 곳에서 그들과 함께하는 사회복지사가 여러 사람과 한 공간에 모여 그 방향에 대해 고민하는 것 자체가 희망입니다.

6. 복지칼럼니스트가 되기 위한 글쓰기

칼럼니스트란 신문지상에 사설 이외의 특정 코너를 담당하여 정치적·계속적으로 집필하는 기자 또는 평론가를 말합니다(두산백과사전). 여기서 칼럼이란 신문, 잡지 따위의 특별기고, 또는 그 기고란을 말하는 것으로 주로 시사, 사회, 풍속 따위에 관하여 짧게 평하는 것을 말합니다. 칼럼은 근원적이고 본질적인 내용을 풀어나갈 수 있는 여유를 담을 수 있다는 점에서 상대적으로 자유로운 글이고, 독자와의 사이에 강한 친근감이 생겨 여론형성에 큰 힘이 될 수 있다고 전문가들은 말하고 있습니다.

칼럼은 미국에서 발생하여 독립전쟁 중에 「뉴욕저널」과 「펜실베이니아크로니클」지상에 '금주에 생긴 일(Journal of Occurrences)'이라는 제목으로 주간 뉴스해설의 형식으로 연재된 것이 그 효시라고 두산백과 사전에서는 기술하고 있습니다.

복지칼럼니스트(복지평론가)는 필자가 꼭 해보고 싶은 버킷리스트 중 하나의 꼭지입니다. '버킷리스트'란 평생 한 번쯤 해보고 싶은 일, 죽기 전에 하고 싶은 일을 적은 목록을 말합니다. 버킷리스트를 작성하지 않았지만 몇 가지 한 번쯤 해보고 싶은 일을 수첩에 적어 실행해 가고 있습니다. 내가 적어놓은 일은 석·박사학위 취득, 대학교 강단에서 강의해 보기, 책의 저자가 되어보기, 책 10권 쓰기, 복지칼럼니스트 되기, 아내와 세계의 복지시설 탐방하기, 대한민국 모든 '섬' 여행하기, 종합편성채널 알*란, 만*상에서 고수로 참여하여 사회적 약자들에게 정보를 주는 일 등입니다.

'복지칼럼', '복지평론'이라는 낱말을 최초로 쓰신 분은 광주대학교 이용교 교수입니다. 그는 '시사평론가', '영화평론가', '대중문화평론가', '정치평론가', '음악평론가', '미술평론가' 등에 이어 세계 최초의 '복지평론가'입니다. 2001년을 시작으로 600여 개의 복지평론을 써서 복지정책을 개발하고 사회적 약자의 목소리를 대변해 주는 큰 역할을 하였습니다. 그 결과, 사회복무제도 도입, 지역아동센터 합법화, 공동생활가정 합법화, 국민건강보험공단의 사회보험료 통합징수, 사회복지사 등의 처우개선 조례 및 학생인권조례 제정 등을 이끌어 낼 수 있었습니다.

심영섭 영화평론가, 1999년에 세상을 떠난 유진 시스켈과 함께 TV에서 '시스켈 & 에버트' 쇼를 진행했던 로저트 에버트 영화저널리스트도 처음부터 영화평론가를 꿈꾸었던 건 아니었다고 합니다. 시사회에 참석해서 A4 한 장의 평론을 부탁받은 것을 시작으로, 저널에 7매짜리 원고 부탁으로부터 평론에 관심을 갖기 시작했다고 합니다. 이렇게 보면 삶을 살면서, 일하면서 '내 마음의 움직임을 주는 키워드'가 무엇인지 생각해 보고 관심을 갖는 일이 중요하다고 생각됩니다.

각 분야의 평론가들은 "누구나 평론가가 될 수 있다. 하지만 또 아무나 평론가가 되는 것은 아니다. 평론가의 '공인자격증'이란 것도 없고, 평론가가 되기 위한 '특별시험'이 있는 것은 아니지만, 중요한 것은 평론가라고 해서 모두 평론가일 수는 없다"고 말하면서 "현실에서는 아직 전업 평론가로 먹고 살기가 불가능하다. 일단 저널리즘의 지면이 태부족이고 어렵게 고정지면을 확보했다 해도 주당 10매 내외의 원고 매수로는 큰 수입을 기대할 수 없다"고 말합니다. 따라서 자신이 하고 있는 일을 꾸준히 하면서 칼럼니스트가 되는 과정을 천천히 밟아가는 것이 좋은 선택이라 생각합니다.

우석훈 칼럼니스트는 칼럼 쓰는 글쓰기 연습을 소개하고 있습니다.

첫째, 같은 내용을 짧게 써서 한 문장으로 고쳤다가, 이걸 다시 A4 한 장으로 늘리기도 하고, A4 다섯 장으로 늘려보는 방법입니다.

둘째, 노래가사를 한쪽에 넣고, 그 가사에 맞는 단상들을 적어 내려가 봅니다.

셋째, 혼자서 써보고 지우면 습작의 효과는 없으므로 가능하면 주변 사람들과 돌려 보는 것이 좋습니다.

넷째, 칼럼에 익숙해지면 에필로그나 프롤로그에서 강렬한 에피소드를 단타로 집어넣어 봅니다.

사회복지현장에서 일하는 사회복지사들에게 시간이 흐르면 흐를수록 깊어지는 게 있으니 그것은 바로 소진과 타성입니다. '다 타서 없어짐'을 뜻하는 소진(burn out) 그리고 지속적인 투입이나 산출 없이 현상을 유지하거나 맴돌기만 하는, 즉 '오래되어 굳어진 좋지 않은 버릇 또는 오랫동안 변화나 새로움을 꾀하지 않고 나태하게 굳어지는 상태'인 타성은 어디서 오는 것일까요? 예기치 못한 사건과 이해하기 쉽지 않은 사람들과 세상을 겪으며 일만 하기 때문입니다.

꿈을 가져야 합니다. 매 순간순간 꿈을 꾸고 살아야 합니다. 꿈을 꾸면 소진과 타성을 극복할 수 있습니다. 무엇보다 내 영혼이 숨 쉬고 설렐 수 있습니다. 꿈꾸며 행한 일들에 대한 상처는 두렵지 않습니다. 후회가 두렵습니다.

아무것도 하지 않으면 아무 일도 일어나지 않습니다.

7. 강의를 부르는 글쓰기

자기 분야에서 원하는 바를 정하고, 계획을 세워 꾸준하게 글을 쓰다 보면 저자가 될 수 있습니다. 사람들은 책을 낸 사람을 작가라 부르는데, 엄격하게 말하면 작가와 저자는 다릅니다. 작가는 문학작품, 사진, 그림, 조각 따위의 예술품을 창작하는 사람을 말하고, 저자는 글로 써서 책을 지어낸 사람을 말합니다. 그리고 작가는 주로 감성적인(문학적·예술적) 글을 쓴다면 저자는 공병호 박사처럼 지식을 전달하기 위한 글을 씁니다. 그래서 『공무원의 안주는 독이다』의 심제천, 『사회복지직 공무원으로 살아가면서 알아야 할 40가지』의 심윤무는 저자입니다.

그뿐 아니라 사람들은 자기 분야에 대한 책을 쓴 사람을 좋아합니다. 책을 쓴 사람은 그 분야에서 남들보다 무언가에서 나은 사람이고, 다양한 경험을 체계적으로 정리한 사람이며, 남들보다 글을 잘 쓰는 사람이라는 암묵적 기대가 있습니다. 상대방의 눈에 신뢰가 자리 잡고 있을 것입니다. 우리 사회는 석·박사 논문도 그렇지만 수백 쪽 단행본을 쓴 저자를 인정해 줍니다. 책을 쓰면 대접을 받습니다.

생각보다 자신의 직업군에서 일하는 사람들은 책을 쓰고 싶어 합니다. 하지만 책의 전체개념을 주제로 정하고, 이를 토대로 자료를 모으고 정리한 개념을 통해 목차를 만들고, 목차 한 꼭지에 3~5페이지 분량의 글을 쓰고, 다 쓴 원고를 출간하기 위해 출판사와 만나 계약을 하는 과정 등은 쉽지만은 않은 일이기에 실천에 옮기는 사람은 그리 많지 않습니다. 간절함의 깊이는 자신이 가장 잘 아는데도 행동하지 않습니다. 아는 것이 힘이 아니라 행동하는 것이 힘입니다.

고도원의 『위대한 시작』에서 "내가 가고자 하는 방향이 어디인지, 내 가슴에 어떤 북극성을 띄우고 싶은지 남들보다 소박한 꿈이어도, 평범한 꿈이어도 좋습니다. 그러나 어디로 갈지 모른 채 방황만 하는, 꿈이 없는 사람으로 살아가진 마십시오"라고 말하면서 소박한 꿈이라도 가져보라고 하고 있습니다. 꿈꾸시고 실천에 옮기세요.

한편 '살까 말까 할 때는 사지 말고, 할까 말까 할 때는 하라'는 서울대학교 행정대학원장 최종훈 교수의 말처럼, 살면서 자기가 가보지 않은 길도 가보는 용기가 필요합니다. 사회복지현장에서 자기만의 콘텐츠를 가지고 하루에 조금씩이라도 글을 쓰는 습관을 가져보면 좋겠습니다. 살아내는 삶에서, 현장에서 쏟아져 나온 글을 보고 사람들은 모여들 것입니다. 강의요청이 들어올 것입니다.

"책을 쓰면 강의를 부른다"라고 강조한 『삶은 어떻게 책이 되는가』의 저자 임승수는 2013년 한 해 동안 200회의 강연을 다녔고, 2006년 제주여민회 강연을 시작으로 현재까지 최소 1,000회가 넘는 강연을 했다고 했습니다. 또한 그는 "인세보다 강연수입이 더 많다"면서 "책을 쓰지 않았다면 만나지 못했을 사람들을 만났고, 책을 쓰지 않았다면 가보지 못했을 곳을 가봤고, 책을 쓰지 않았다면 받을 수 없는 과분한 대접을 받았다"고 그의 책에서 말하고 있습니다. 물론 강의를 위해서 책을 쓰는 것은 아닙니다. 그래서도 안 됩니다.

주민의 욕구를 충족시키고, 사회문제를 해결할 수 있는 대안을 찾고, 그것을 정책으로 만들어 내는 과정 속에서 글이 나옵니다. 생업을 하면서 조금씩 사회복지실천이 어디를 향하는지, 잘 가고 있는지를 돌아보는 글쓰기를 하시길 바랍니다.

책이 나올 만한 삶을 살았을 때 이 모든 것이 가능합니다.

제 4 장

전략적 글쓰기 : 글쓰기의 처음과 끝

제4장 전략적 글쓰기 : 글쓰기의 처음과 끝

1. 글쓰기 시작을 위한 세 가지 질문

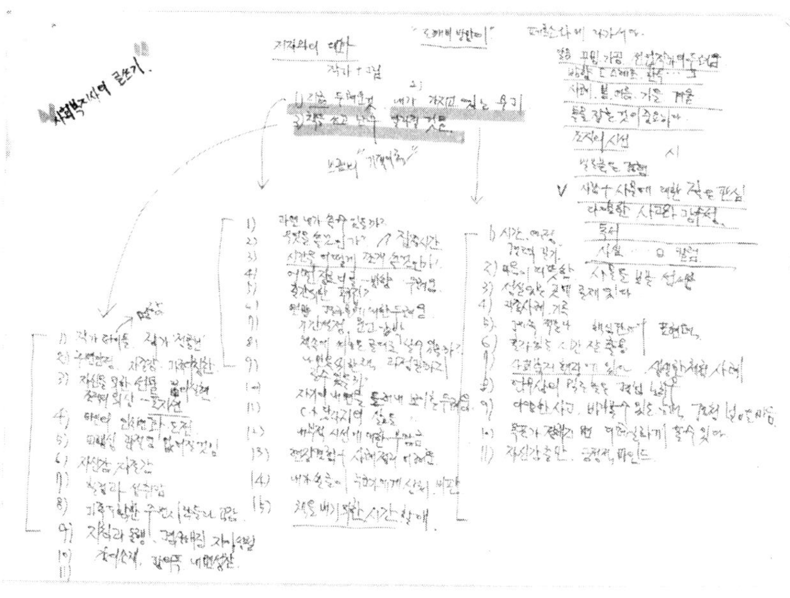

화분의 꽃 하나 피우는 데도 배우고 준비해야 실패하지 않는 것처럼, 우리의 글쓰기 과정도 좋은 글이 탄생하기 위해서는 배우고 준비해야 합니다.

글쓰기를 통해 저자가 된 사람들은 이렇게 말합니다. "한 번쯤 꼭 하고 싶었던 일상의 말들을 문어체가 아닌 구어체로 어떠한 형식 없이 가능한 한 떠오르는 대로, 쓰고 싶은 대로, 혹은 쓰기 싫은 대로, 자신의 의식을 삶을 마음껏 기록하라"고 말입니다. 이러한 글쓰기를 프리 라이팅(free writing)이라고 합니다.

나의 언어로 나의 책을 쓰고 싶긴 하지만 '어떻게 시작해야 할지 모르겠다' 하는 사람들이 많습니다. 이런 고민에 빠져 글을 한 글자도 쓰지 못하는 사람들에게 중요한 질문 세 가지가 있습니다. 첫째는 '지금 두려운 것은 무엇인가?'라는 질문이고, 둘째는 '내가 가지고 있는 장점과 무기는 무엇인가?'입니다. 그리고 셋째는 '책을 쓰고 난 후 달라질 것들'을 나 스스로에게 질문해 보는 것입니다.

2016년 3월 한국보건인력개발원 사회복지 글쓰기 과정에 참여한 20명(공무원사회복지사 10명, 민간사회복지사 10명)에게 글쓰기를 위한 세 가지 질문에 대한 답을 구해봤습니다.

질문 1. '지금 두려운 것은 무엇인가?'의 질문에 대한 답변

'내 삶과 직업적 경험은 많은데 도대체 뭘 쓸 것인가?', '과연 내가 쓸 수 있을까?', '인생은 시간총량제인데 어떻게 시간을 쪼개서 쓸 것인가?', '글의 장르 · 방향에 대한 두려움', '잘 쓴 글이든, 못난 글이든 결과물에 대한 두려움', '평범한 사람이 책을 출간했을 때 조직의 시선', '과연 진솔하고 꾸밈없는 글을 쓸 수 있을 것인가?', '페르소나(자아의 가면)와의 만남', '책을 써야 한다는 압박감', '글쓰기 과정을 끝까지 갈 수 있을까?', '책 속에 써놓은 글대로 삶을 살 수 있을까?', '생각지도 못했던 자신의 깊은 내면과 만나면 어떻게 할 것인가?', '당사자의 삶을 세상에 내놓아야 하는 윤리적 고민', '밀도 높은 경험을 어떻게 잘 정리할 것인가?', '내가 쓴 글이 다른 누군가에게 상처가 되지 않을까?' 등이었습니다.

이러한 고민에 대한 '스스로의 답을 찾는 시간'을 통해 자신의 삶을 돌아볼 수 있으니 꽤 괜찮은 작업입니다. 자주 돌아봐야 합니다. 영혼이 따라올 수 있도록 말입니다.

질문 2. '내가 가지고 있는 장점과 무기는 무엇인가?'의 질문에 대한 답변은 '사회복지사로서의 열정과 끈기', '따뜻한 마음과 차가운 머리', '성실이 있기에 존재가 있다는 믿음', '각종 사례에 대한 경험과 기록', '키워드가 있는 삶을 살고 있음', '저녁이 있는 삶을 살고 있음', '생생(生生)한 사회복지현장에 많이 노출되어 있어 글쓰기 소재가 풍부함', '경청하는 자세', '차별 없는 시선', '다양한 사고', '긍정적 마인드', '자존감이 높음' 등 이었습니다.

자신의 단점보다는 '나에게 이러한 장점이 있다'라고 스스로 인정하면서 글쓰기를 하는 것이 자신을 긍정적으로 인식하는 데 도움이 됩니다. 긍정적 인식이 글에서 그대로 드러나기 때문입니다. 또한 글을 쓸 때 자신에게 어떤 좋은 점이 있는지를 알면 자기에게 더 적합한 기법과 장르를 파악하는 데 도움이 됩니다. 사회적 차원에서 이는 '내가 글을 쓰는 사람으로서 정확하게 어느 분야를 어떻게 써야 하는가?'를 아는 문제와 직결되는데, 이는 글쓰기 목표와 글쓰기의 구체적 방법을 정하는 문제 등과도 연결됩니다. 나아가 글쓰기를 통한 자아실현에서도 아주 중요한 요인이 됩니다.

질문 3. '책을 쓰고 난 후 달라질 것들'의 질문에 대한 답변은

'지금보다 더 여유롭고 풍요로운 인생 2막을 열게 될 것이다', '책 쓰기로 자신감을 찾을 것 같다', '생업을 위한 직업에서 천직을 찾게 될 것이다', '충만한 삶', '명함에 작가표기의 즐거움', '가족을 포함하여 주변 사람들의 인정', '자신을 위한 평생 선물', '힐링이 되는 삶', '타인과 함께하는 삶이 펼쳐짐', '겸손해지면서 공부량이 많아질 것임', '누군가를 가르치고 싶어 하는 본능이 깨어날 것이다', '한 권 써봤으니 굳은 의지를 가진 작가가 될 것이다', '원고 마감시간을 지켜 작가가 되었기에 약속을 꼭 지켜내는 사람이 될 것이다', '브룸의 기대이론이 현실이 되는 것을 체험할 것이다', '내 분야의 교육원과 기관에서 강사로 초빙될 것이다', '북(BOOK)콘서트를 진행하고 있을 것이다', '신문기사에 화제의 인물로 기사화될 것이다', '저작권료 계약을 다시 하게 될 것이다' 등이었습니다.

과거에는 전문가들만 책을 냈다고 해도 과언이 아닙니다. 하지만 이제는 자신의 경험이나 지식을 바탕으로 해서 사람들이 책을 내고 있습니다. 전에는 성공을 해서 책을 내는 사람들이 많았다면 지금은 '책을 써야지만 성공한다'라는 말도 있습니다. 책을 쓰고 난 후를 꿈꾸세요. 책은 곧 다른 사람에게 신뢰가 됩니다. 물론 내가 하는 일이나 전문성을 알리는 계기가 되기도 합니다.

글 쓰는 재주도 없고 뭘 해야 할지 모르겠다면 자신이 좋아하는 것에 먼저 도전해 보고 느끼고 경험한 바를 편안하게 기록하세요. 그 글이 모여 작은 '모음집'이 되고 그 모음집이 모이면 다시 책이 됩니다.

책을 쓰기 전 글쓰기에 대해서 지금까지 기술한 세 가지를 생각해 보고 조금씩 실천하고 다져간다면 좋은 책 한 권이 탄생할 수 있습니다.

책을 쓰면 더 많은 글과 책이 보입니다.

책을 쓰면 더 좋은 평가를 받을 수 있습니다.

책을 쓰면 전문가로 통하는 자격증을 취득하시는 겁니다.

책을 쓰면 자신의 이름을 브랜드화 할 수 있습니다.

책을 쓰면 '평범한 사람'에서 '경쟁력 있는' 사람으로 인식될 것입니다.

책을 쓰면 내 인생이 달라져 있을 겁니다.

천재작가 김태광은 책 제목을 『마흔, 당신의 책을 써라』라고 하였습니다.

보면 볼수록 '책 제목 잘 선정했나'라는 생각이 듭니다.

2. 글쓰기 재료 구하기

"생각대로 살지 않는다면, 사는 대로 생각하게 됩니다."

바로 지금, 더 큰 꿈을 위해 한걸음 나오라는 내용으로 글을 시작할 수 있습니다.

<카피광고, 1편>
"지원하지 않으면 떨어질 일도 없어."
"고백하지 않으면 차일 일도 없지."
"시도하지 않으면 실패할 일도 없고."
"꿈이 없다면 힘들 일도 없을 거야."

<카피광고, 2편>
"혹시 알아 이번에 성공할지?"
"세상의 박수를 받게 될지?"
"그녀도 너를 좋아하고 있을지?"
"숨겨진 능력을 발견하게 될지?"
"한번 해보자. 일단 저지르자. 꽥 소리를 내자."
"너에겐 아직 열리지 않은 세상을 위해."

카피광고 1편과 2편의 내용을 정리하면 '아무것도 하지 않으면, 아무 일도 일어나지 않는다'라는 것입니다. 무심코 TV에서 발견한 카피 광고입니다. 에빙하우스 '망각의 법칙'[3]의 저주에서 벗어나기 위해 펜을 들고

3) 독일의 심리학자 헤르만 에빙하우스는 인간의 기억능력을 과학적으로 연구한 과학자로, "인간은 학습 후 20분 이내에 학습한 내용의 약 42%를 잊어버리고, 한 시간 뒤에

기억을 놓치지 않기 위해 메모하였습니다. 이 광고는 도전하는 청춘과 함께하는 주류 콘셉트로 취업면접, 오디션, 연대 등 젊은 세대들이 치열하게 살아가는 삶의 모습들을 보여줍니다. 삼포시대(연애 · 결혼 · 출산의 세 가지를 포기하거나 미루는)에 살고 있는 젊은 청년들에게 도전, 희망 그리고 용기를 광고를 통해 메시지를 전달하고 있습니다. 결국은 우선 시작하고 보자는 말입니다.

옳은 길이라면 주저 없이 가는 것도 좋습니다.

맛있는 음식을 요리하기 위해서 풍성하고 신선한 재료가 필요하듯이 글쓰기 역시 음식에 맞는, 출처가 분명한 좋은 재료가 있어야 합니다. 그래야 어머니가 해주시는 집 밥을 먹는 것처럼 편안하고 자연스러우면서 설득력 있는 글을 쓸 수가 있습니다. 글의 재료 없이 머릿속에 떠오르는 내용과 생각을 쓴다면 아마도 몇 줄 쓰고 나면 더 이상 쓸 말이 없을 것입니다. 즉, 쓸 거리(콘텐츠, contents)를 찾아야 합니다. 글쓰기의 절반이 재료 모으기라 해도 과언이 아닐 것입니다. '짚신으로 나물을 만들 수 없는' 이유와 같습니다.

소설이나 시를 쓰는 게 아니라면, 정보를 전달하기 위한 글쓰기는 창작의 고통이 필요 없습니다. 좋은 재료만 준비되어 있다면 글을 쓸 수 있습니다.

그렇다면 글쓰기 재료는 어디서 찾아야 할까요?

첫째, 독서를 꾸준히 합니다.

독서의 중요성은 아무리 강조해도 지나치지 않습니다. 자기계발을 위해, 인생을 위해 책을 읽을 수도 있지만, 책을 읽고 밑줄치고 메모한 것들, 즉 씨앗문장을 찾아서 기록하다 보면 그 글이 모이고 모여서 글의

는 56%, 한 달이 지나면 80% 정도를 망각하게 된다"고 주장하였다.

재료가 될 것입니다. 블로그(예 글쓰기를 위한 한줄)에 작성한 글이 많으면 많을수록 글을 쓰는 데 있어 선택의 폭이 넓어질 것입니다.

책을 읽기만 해서는 자료화시킬 수 없습니다. 독서를 하다가 중요한 내용을 발견하면 그 내용을 메모장이나 워드프로세스 프로그램 등을 활용하여 디지털화시켜야 합니다. 자신의 두뇌를 믿습니까? 두뇌에서 자주 반복되지 않고 중요하지 않다고 판단되는 자료가 있다면 뇌의 구석에서 사라질지도 모릅니다. 나이가 들면 들수록 더욱 가속화됩니다. 부호화 → 저장 → 인출의 기억의 과정에서 결함이 생겨 망각으로 이어집니다. 또 너무 많은 것을 뇌에서 받아들이면 간섭이 일어납니다. 간섭이란 이전이나 이후의 정보, 많은 정보에 의해 기억이 방해를 받는 것을 말합니다. 간섭에는 새로운 정보가 이전 정보의 파지를 방해할 때 발생하는 역행간섭과 이전의 정보가 새로운 정보의 파지를 간섭하는 순행간섭이 있습니다.

책을 읽었다면 반드시 내가 원할 때면 언제든지 쉽게 찾을 수 있는 곳에 기록해두는 습관을 들이십시오. 당장 글쓰기 재료로 사용하지 않더라도 우선 저장해 두십시오. 그 한 줄에 나의 생각이 더해지면서 한 꼭지의 새로운 주제가 될 수 있습니다.

둘째, 신문칼럼, 국회도서관, 국가기록원, 서점, 잡지, 각종 블로그 및 사이트 등에서 발견한 좋은 재료들을 모읍니다.

신문칼럼은 쉬지 않고 한 번에 읽을 수 있는 최적의 분량 1,000자 내외로 씁니다. 단순·명료하며 정확한 것이 생명인 칼럼은 시대적인 상황의 글을 많이 담고 있어 글쓰기 재료로 손색이 없습니다.

논문과 학회지의 글은 전문적인 내용들이 주를 이룹니다. 이러한 내용들을 자주 인용하면 머릿속에서 생각나는 대로 작성한 글보다는 훨씬 설득력이 있습니다. 대학원생이면 해당 학교의 중앙도서관에서 논문자료를 대출하거나 홈페이지에 들어가 학교 아이디를 가지고 학술지 전문사이트에 접속하면 무료로 검색하고 다운받을 수 있습니다. 대표적인 학술지는 RISS(KERIS 학술정보서비스)와 FRIC(외국학술지지원센터) 그리고 국가전자도서관이 있습니다. 일반인이라면 국회도서관에 들어가 해당 자료를 검색해서 프린트해도 됩니다. 검색한 자료가 인쇄할 수 없는 자료라면, 직접 방문하여 자료를 열람하는 것은 물론 복사도 할 수 있습니다.

국가기록원은 주요 국가기록물을 관리하는 곳으로 국민들이 쉽고 편리하게 활용할 수 있도록 정보를 제공하는 곳입니다. 대통령 기록물, 기록으로 보는 지방자치의 발자취, 기록으로 보는 경제5개년 개발계획, 기록으로 보는 대한민국 70년, 기념일과 기록, 사진대한민국, 독도, 5·18민주화운동, 6·25전쟁 등 글쓰기 재료가 많은 곳입니다.

서점에 가서 최근에 발간된 책들에서 글쓰기 재료를 수집하는 것도 좋고, 사회복지협의회와 사회복지사협회에서 매월 발행하는 「소셜워커」나 「복지저널」 잡지를 참고해도 좋습니다.

블로그 및 사이트 등도 훌륭한 글쓰기 재료가 될 수 있습니다. 광주대학교 이용교 교수님이 운영하고 있는 '시민과 꿈꾸는 공동체' 카페와 '노지의 소박한 이야기' 블로그가 대표적입니다. 운영자 노지는 대학생의 시각에서 책 후기, 사회, 정치이슈, 여행기 등의 글을 쓰고 있습니다. 참신하고 다양한 정보를 담고 있는 곳입니다.

셋째, 사람과 사물에 대한 애정과 관심이 글쓰기에 도움이 됩니다.

글을 쓰기 시작한 순간부터 일상생활에서의 모든 사람과 사물이 글쓰기의 소재가 될 수 있습니다. 버스 옆으로 스쳐 지나가는 광고, 지하철에 붙은 광고, 우연히 귀에 들어오는 라디오 뉴스 등이 좋을 글을 풀어갈 좋은 영감을 주기도 합니다. 어떻게 글을 쓰면 좋을까 하는 생각이 머릿

속에 가득하면 광고 글 기사 하나도 무심히 보아 넘기게 되지 않습니다. 주변의 온 세상이 내 글과 관련되어 움직이게 되는 마법 같은 상황이 찾아옵니다(이상원, 2011).

넷째, 글은 머리로 쓰는 게 아니라 메모로 씁니다.

아우구스티누스와 프란체스코의 대화에서 찾은 '메모와 흔적'을 보겠습니다.

아우구스티누스 : 이런 책들이 도움이 되지 않을까?

프란체스코 : 책은 읽을 때는 매우 유익하지만, 손을 떠나자마자 그 책에 대해 느꼈던 모든 감정도 눈 녹듯 사라지고 마는걸요.

아우구스티누스 : 만약 자네가 적절한 여백에 약간의 메모를 간결하게 적어놓으면, 아마 독서의 열매를 쉽게 즐길 수 있을 걸세.

프란체스코 : 어떤 종류의 메모를 말씀하시는 겁니까?

아우구스티누스 : 자네에게 유익할 것 같은 어떤 문장이든 접하게 되면 분명히 표시해 두게. 그렇게 하면 그 표시는 자네의 기억력에서 석회의 역할을 맡을 것이지만, 그렇지 않을 경우에는 멀리 달아나고 말걸세.

독서를 하는 것이 짧은 시간에 오랜 시간 축적된 다른 이의 생각과 경험을 배우는 것이라면, 메모(memo)를 하는 것은 내가 가진 생각과 경험의 축약이라 할 수 있습니다. 독서를 할 때 메모를 하신다면, 다른 이의 생각과 경험이 나의 생각과 경험에 흡수되어 아름다운 글이 나올 것입니다.

글쓰기에서 메모는 '선택이 아니라 필수'라고 말하고 싶습니다. '글 채집 노트 또는 수첩'을 준비해서 수시로 메모하십시오. 책에서, TV에서, 라디오에서, 잡지에서, 성공적인 삶을 살아가는 사람들에게서 나오는 말들을 메모하세요. 충분한 '쓸 거리'로 다가옵니다.

다섯째, '키워드'를 활용하세요.

어떤 문장을 이해하거나 문제를 해결할 수 있는 말을 키워드(key-word)라 합니다. 또는 광고표현의 중심이 되는 말, 일종의 광고 캠페인을 관통하는 중요한 말이라고 사전에서는 정의하고 있습니다.

키워드를 활용하면 글쓰기를 쉽게 할 수 있습니다.

예를 들면, 2016년 3월 인공지능 '알파고'와 바둑의 고수 이세돌 9단의 대국이 있었습니다. 5대국에서 이세돌은 4 : 1로 제대로 졌습니다. 그러나 대한민국뿐만 아니라 전 세계에 감동과 커다란 파장을 준 대국이었습니다.

'제대로 질 줄 안다'라는 키워드로 작성한 글을 보셨습니다.

'제대로 질 줄 안다'라는 것의 힘

'알파고'에게 패배란 용납할 수 없는 일이다. 1,200개의 CPU로 연결된 그의 창조목적은 게임을 즐기는 것도 아닌 오로지 '승리를 위하여'이니까. 제4국에서 이세돌 9단의 78수 이후 프로 중의 프로의 면모를 보였던 알파고가 어처구니없는 실수를 연발한 까닭이기도 하다.

"질 자신이 없어요."

알파고와의 대국에서 승리한 이후 사람들 사이에 화제가 되었던 이세돌 9단의 어록 중의 하나다. '이길' 자신이 아니라 '질' 자신이다. 바꿔 말해, 이기는 데 있어서 자신이 있고 말고는 큰 상관이 되지 않는단 이야기다. 어찌됐든 바둑도 하나의 승부이기 때문에, 그 승부의 판에 오른 이상, '승리'가 목표인 건 당연지사다.

문제는 졌을 경우다. 아무리 아름다운 승부였다 할지라도 패배는 항상 아프다. 가슴 한 구석에 진하고 오랜 여운을 남긴다. 승리의 것은 짧고 굵으면서 패배의 것은 왜 그리 길고 또 굵기까지 하는지. 이는 결국 상대에게 무릎을 꿇고 말았다는, 스스로를 향한 혹은 주변 사람들을 향한 부끄러움이기도 해서, 흔히 우린 '패배를 잊지 않고 더욱 정진하여 설욕(雪辱, 부끄러움을 씻다)하겠다'라고도 한다. ……(생략)……,

4국에서 이세돌 9단의 승리를 이끌었던 것은 78수였다. 알파고는 이 계산되지 않은, 불확실한 경우의 수(알파고의 입장에서)에 대해 오류로 반응했다. 그도 그럴 것이 매 수마다 방대한 정보를 바탕으로 정밀한 계산을 해냄으로써 좀 더 승리할 가능성이 큰 위치를 적확하게 가려낸다는 것은, 그만큼 강력하고 과감하면서 또 그만큼 유연하지 못함을 의미하기 때문이다.

감정이 없어 분석 결과 승리에 도달할 수만 있다면 과감히 돌진할 수 있는 것도 알파고고, 상대방이 혹여 미리 준비하지 못한 수, 즉 '도박'이라고까지 여겨질 만한 수를 쓰는 데에 취약인 것도 알파고다. 비록 워낙 질과 양이 뛰어난 정보를 가지고 있어 그 취약이라 불리는 경우 자체가 일어날 가능성이 거의 없다만. 그래서 제4국의 78수가 더더욱 '신의 한 수'라 여겨지는 것이다.

- 윤지혜 칼럼, 2016. 3. 17. 스포츠투데이

사회복지사들이 살아가면서 지니고 있는 '키워드'는 무엇일까요? 그 키워드를 알고 싶습니다. 필자의 키워드 중심에는 '사회적 정의'가 자리 잡고 있습니다.

한덕연 선생님의 『복지요결』, 『복지야성』과 사회복지사 김세진 선생님의 『독서노트』에서 키워드를 찾아봤습니다.

'사람', '사회사업 실마리', '삶은 기적', '사회적 약자', '가난한 휴머니즘', '미움이 세계를 구한다', '민들레는 장미를 부러워하지 않는다', '같은 사람 사이로', '윤리적 소비', '행복은 자전거를 타고', '인간의 대지', '여럿이 함께', '사람과 사회', '자립과 자주', '공생', '더불어 삶', '구실', '사회적 약자', '상황적 약자', '복지사업', '소극적 복지'와 '적극적 복지', '임파워먼트', '직업윤리', '전문가', '소진과 타성', '선택과 한계', '행복', '끝까지 삶이게' 등이 있었습니다. 사회복지사라면 한 번쯤 고민해 본 '키워드'입니다.

키워드를 활용하면 글 쓰는 두려움으로부터 어느 정도 자유로워질 수 있습니다. 그뿐 아니라 키워드는 내 글쓰기에 힘으로 작용합니다. 키워드를 가지고 살아가는 일상, 특별하지는 않지만 평범하지도 않을 것입니다. 키워드가 내 글쓰기에 희망파종이 되어 아이디어로, 한 꼭지로 다가오기를 바랍니다.

3. 글쓰기를 위한 생각연습

"글은 우리가 조금이라도 주체적으로 살기 위한 몸부림이라고. 어차피 우리 삶은 주체적으로 흘러가지 않습니다. 내가 선택해서 하는 행동보다는 남들의 요구나 기대 때문에 하는 행동이 훨씬 많습니다. 신장개업한 가게 앞에서 허리를 꺾으며 춤추는 키 큰 풍선인형처럼 우리도 이 방향 저 방향에서 바람이 불어올 때마다 흔들리며 살아갑니다. 이런 와중에도 내가 무엇을 느끼고 생각하는지 스스로 정리하고 남에게 털어놓는 방법이 바로 글쓰기입니다."

- 이상원, 『서울대 인문학 글쓰기 강의』 중

글쓰기를 위해서는 '생각하는 연습'이 필요합니다. 살아가기 바쁜데 무슨 생각을 연습하냐고 반문하실 겁니다. 한번 해볼 필요가 있습니다. 일정 부분에서 작은 변화와 진보가 있습니다. 평범한 이야기 속에서 소재를 발견해 글로 옮기기 위해, 고정관념에 얽매이지 않고 사물을 볼 수 있는 시선을 갖기 위해 생각연습이 필요합니다. 살면서 일하면서 내가 느끼고 경험했던 것들, 책, 영화, 연극 등을 보고 난 후의 생각들, 정치 · 경제 · 사회 · 문화와 관련된 주제에 대한 생각 등을 말합니다.

생각연습을 잘하는 사회복지사 김세진 선생님의 글입니다.

「진정성」

'사회복지사는 당사자를 만나 진정한 마음으로 일해야 한다.'

진정이란 무엇일까요?

사전에서는 '진정'을 참되고 애틋한 마음이라고 합니다.

당사자를 향한 진정이라고 할 때,

당사자를 대하고 참되고 애틋하게 만나야 합니다.

그런데,

그 '참됨'이란 무엇일까요?

당사자를 향한 참된 마음의 구체적 실체가 궁금합니다.

당사자를 대할 때 일방적으로, 사회복지사 쪽 강점으로 돕더라도,

그 마음이 참되기만 하면 진정하게 일했다고 할 수 있을까요?

「내려놓음」

사회복지(공무원) 글쓰기 과정 '복서원' 올해 첫 강좌를 잘 진행했습니다.

이후부터는 내려놓기로 했습니다. 여러 마음이 있었습니다.

복지관 사회사업가 돕는 일, 더 잘 도우려 합니다.

여유가 생기면 '복지관 사회사업 글쓰기 과정'을 마련하고 싶습니다.
선생님들께서 많은 책을 쓰셨습니다.
사회복지사 공무원으로 일한 지 대부분 20년 가까이 된 분들입니다.
이 책들은 후배를 생각하며 쓰셨다고 했습니다.
사회복지사 공무원이 늘어나고 있지만,
사회복지사로서 정체성은 점점 흐려지는 것 같아 안타깝다고 하셨습니다.

하지만 막상 공무원 후배들에게 이렇게 일해보자고
나눌 만한 이야깃거리가 없어 미안하다고 하셨습니다.
그런 아쉬움을 후배들 생각하며 글로 정리하셨습니다.
동료와 선배에게도 도전과 자극이 되기를 바라셨습니다.
글을 쓰면서 뜻이 더욱 선명해진다고 하셨습니다.
더 잘하고 싶은 마음이 커진다고 하셨습니다.
책 만드신 분은 또 내보고 싶다고 하셨습니다.
사회복지사답게 뜻을 세우고 이를 향해 어떻게 이루어 가는지를 쓴
이런 글이 여러 사회복지현장에서도 계속 만들어지길 기대합니다.

- 구슬 꿰는 실, 사회사업가 김세진 글 중에서

우송대학교 사회복지학과 겸임교수로 발탁되어 꿈에 그리던 대학 강단에 서게 되었습니다. 강의했던 과목은 '사회복지개론'이었는데, 중간고사와 기말고사 전에 과제를 제출하도록 했습니다. 첫 번째 과제는 '나는 누구인가? 왜 사회복지를 공부하려 하는가?'이고 두 번째 과제는 '자유주제'를 가지고 글을 쓰는 것이었습니다.

첫 번째 과제인 '나는 누구인가? 왜 사회복지를 공부하려 하는가?'라는 주제로 나를 소개하는 글에서 40명이 넘는 학생들은 다양한 내용과 융합하여 자기를 소개하였습니다. 20년 동안 살면서 한 번도 생각해 본 적 없는 글, '나는 누구인가?'를 곰곰이 생각해 볼 시간을 갖는 것이 쉽지 않았나 봅니다. 어린 시절부터 대학에 들어오기까지 '생애주기의 틀'로 글을 쓴 학생, 인생의 '어떤 사건'을 주제로 하여 과거와 현재를 드나들며 자신을 소개한 글, 내가 사랑하는 사람과의 관계 속에서 나를 찾은 글 등 다양했습니다.

새삼스럽게 나를 돌아볼 수 있는 계기를 마련했다고 하면서 하루하루를 무의미하게 수동적으로 살아온 삶을 후회하기도 하였습니다. 발표하면서 저 깊숙이 참아왔던 눈물을 보이는 학생도 보았습니다. "나는 나일 뿐인데 내가 알고 있는 나를 몇 줄의 말로 표현을 한다는 것이 어렵다"고 말하기도 했습니다.

'왜 사회복지를 공부하려 하는가?'라는 글에서도 단순히 사회복지사가 되고 싶다는 글에서부터 '사회적 정의'를 실현하겠다는 거창한 글까지 다양한 장르의 글이 쏟아졌습니다. 이 과제를 통해서 깨달은 것이 하나 있습니다. '사람은 자신의 말을 하고 싶어 하는 무언가가 있구나' 하고 말입니다.

두 번째 과제인 '자유주제'는 보고 듣고 경험한 것을 쓰는 '감상에세이'와 관심 있는 인물, 사물 등에 관해 써보는 '주제에세이'를 써보도록 하는 것입니다.

감상에세이는 보고 듣고 경험한 감상을 알리고 공유하기 위해 쓰는 글입니다. 감상의 대상은 책, 영화, 그림, 공연, 전시, 음악, 여행 등 무엇이든 자유롭게 택할 수 있습니다. 독서 감상문, 영화 감상문, 전시 감상문 등으로 불리는 글들과 같이 묶일 수 있는 유형이지만 감상문 대신 감상에세이라는 이름을 붙인 것은 대상에 대한 객관적 설명보다는 주관적 견해가 조금 더 많이 들어가기를 기대했기 때문입니다.

- 이상원, 『서울대 인문학 글쓰기 강의』 중

주제에세이는 내가 평소에 관심 있는 키워드, 관심내용 등으로 주제를 정하고 글을 써보는 것입니다. '나 홀로 떠나는 여행'이라는 주제의 포토에세이부터 '고정관념에서 벗어나는 방법' 창조적 발상, '메마른 마음을 위해서 필요한 것은' 글쓰기, '연인 간의 가까움의 척도' 스킨십, '좋고 괜찮은 여자란' 웃어주는 여자, '정적인 것과 역동적인 것의 사이' 조화, '절대적인 것과 상대적인 것의 고민' 시험평가 등의 글까지 다양했고 모든 글은 귀했습니다.

2013년 대구광역시 가톨릭 대학교 천정웅 교수의 '질적연구 글쓰기'를 배우러 가는 기차 안 잡지에서 발췌한 글을 소개합니다.

'세상풍경'

세월이 달라지면서 세상도 풍경도 사람도 바뀐다.
그땐 그게 당연한 줄로만 알았는데 되돌아보니 큰 사치를 누렸다.
보리풀빛과 화사한 매화꽃의 대비가 이루는 싱그러움도 더는 볼 수 없다.
거기도 바뀌고 나도 바뀌어서 이제 거긴 안 간다.

- 김승옥 법무사, '무진기행'

'조화'

조화에는 정적인 조화만 있는 것이 아니라 역동적인 조화도 있다. 역동적인 조화란 서로 다른 긴장관계 속에서 서로를 돋보이게 하며 공존하는 것이다.

지금부터라도 스마트폰과 TV를 끄고 '생각연습'을 해보시길 바랍니다. 풍성한 삶을 살아가려면 사람과 삶에 대한 생각이 필요합니다. 그게 어렵다면 차라리 '귀로써 세상을 가지는' 라디오를 들으세요. '위대하지만 소박한' 매개체 라디오를 말입니다.

글을 쓰고 싶어지는 그 순간과 공간이 내게로 다가옵니다.

추천하는 라디오 프로그램은 '귓가를 사로잡는 목소리'로 유명한 성우 정형석이 진행하는 EBS '책처럼, 음악처럼'입니다.

현실에 발 딛고 서되 꿈은 잃지 않기를 소망합니다.

4. 독서하며 좋은 글 필사하기

신문칼럼을 필사노트 왼쪽에 붙이고 오른쪽에는 한 자 한 자 써 내려 감

독서는 혁명입니다. 독서를 통해 깨닫고 체화하는 일 그 자체가 혁명입니다. 세상의 변화의 시작은 나부터입니다. 관심을 두는 일, 관심이 책으로 깊어지는 일이 중요합니다. 행동의 시작이기 때문입니다(김조년, 2015).

모든 책에는 가르침이 있습니다. 독서를 하면서 글을 쓰면 창작과정이 친숙해지고 한결 편안해집니다. 잘 읽히는 책을 보면 서술과 짜임새 있는 플롯을 가르쳐 주는 것은 물론 작품을 통해 안목을 넓히고 자신의 목표를 설정하는 데 도움이 될 수 있습니다. 반면 잘 읽혀지지 않는 책을 보면 '이렇게 쓰지 말아야지', '나도 이 정도는 쓸 수 있겠다' 하는 배움을 얻습니다.

독서만으로 끝나서는 안 됩니다. 책을 읽고 밑줄을 그어가면서 발췌를 하는 일이 더 중요합니다.

마쓰오카 세이고의 『창조적 책읽기, 다독술이 답이다』에서 "요로 다케시(도쿄 대학 명예교수)는 2B 연필로 표시를 하는데, 전차 안에서나 여행 도중에 2B 연필이 없으면 그 책에 집중할 수 없다고 하더군요. (웃음) 즉, 2B 연필이 손에 쥐어져 있지 않으면 읽고 싶은 마음이 들지 않는다는 것입니다. 2B 연필이 '요로 독서술'의 커서인 셈이지요. 하지만 이것이야말로 정답입니다"라고 말합니다.

발췌독은 글쓰기에 도움이 됩니다. 발췌독이란 글을 처음부터 끝까지 다 읽는 것이 아니라, 자신이 얻고자 하는 정보나 내용을 찾아 그에 관한 것들만 따로 읽는 것을 말합니다. 필자는 책을 읽을 때마다 여기저기서 나타나는 명언과 가슴을 후비는 글귀가 나타나면 블로그 '글쓰기를 위한 한줄'란에 모으고 있습니다. 500문장 정도를 모은 것 같습니다.

솟대 예술가 이안수 씨는,

"글쓰기야말로 완전한 독서행위의 완성인 것이다."

"물론 내가 생각하는 완전한 독서행위의 완성은 '책을 덮는(엄독)' 것이지만, 글쓰기가 독서와 얼마나 맞닿아 있는지를 이보다 더 간결하면서도 정확하게 표현한 문구는 찾기 힘들다"라고 말하고 있습니다.

가끔 새로 구입한 책의 모서리가 접혀져 있고 지저분하게 긋고 메모한 내용이 있다고 짜증섞인 목소리를 내는 사람도 있지만 내 책이니 상관없습니다. 안 빌려보면 될 거 아니겠습니까.

한편 글쓰기 강좌를 운영하고 있는 송숙희 선생은 "글쓰기는 가르칠 수 없다. 쓰면서 배워야 한다", "최고의 글쓰기 연습법은 베껴쓰기"라고 주장합니다. 필자의 경우는 상기 그림처럼 2년 동안 1주에 한편의 칼럼을 필사하는 시간을 가졌습니다.

베껴쓰기, 필사를 하게 되면 두 가지의 장점이 있습니다. 첫째, 책에 밑줄 그은 내용을 읽는 것보다 발췌독이 극대화됩니다. 컴퓨터에 저장해 놓았다면 스마트폰으로, 또는 인터넷이 있는 곳이면 언제 어디서나 다시 볼 수도 있어 매우 효율적입니다. 둘째, 글쓰기의 기초를 제공합니다. 옮겨 적는 글들은 좋은 문장일 가능성이 크므로, 문장구조와 표현 등을 필사를 통해 체화할 수 있습니다. 많은 글쓰기 책에서 교과서, 칼럼 등을 필사하라고 조언하는 이유가 그것입니다.

많은 글 중에서도 칼럼을 필사하는 것이 좋다고 전문가들은 밝히고 있습니다. 『최고의 글쓰기 연습법, 베껴쓰기』에서 송숙희는 "신문기자는 도제식으로 글쓰기를 훈련받아 제대로 된 글을 씁니다. 메시지가 분명하고 간결하게 경제적으로 정확하게 쓰지요. 신문사 편집국에는 정확하고 적절하게 기사가 작성되었는가를 살피는 전문가의 손길이 이중삼중으로 뻗어 있어 잘못 쓸 수 없게끔 제도적으로 뒷받침됩니다. 이렇게 훈련된 기자들 중의 고수가 칼럼니스트이며, 그들이 쓴 글이 칼럼이기 때문에 베껴쓰기의 대상으로 적합하지요"라고 하였습니다.

매일 모든 학습과 이해의 기본인 독해력이 향상되는 베껴쓰기 훈련을 해보세요. 글쓰기를 함에 있어 아이디어와 영감을 얻기도 합니다. 또한 메시지 구조화, 단어와 단어, 문장과 문장을 조직화하는 방법 등을 배우게 됩니다. 베껴쓰기 훈련의 양이 많아지면 양적인 발전과 질적인 발전을 동시에 가져올 수 있습니다.

글을 쓰는 동안 하루에 한 편씩 칼럼쓰기를 하면 띄어쓰기, 맞춤법, 역사적인 지식의 범위 확장, 천천히 다시 읽고 수정하는 습관, 세상 눈높이 향상, 핵심 메시지의 빠른 파악 등 많은 도움이 됩니다. 칼럼 외에도 괜찮은 책의 서문과 목차, 한겨레신문의 갈림, 인터넷 서점에서 추천하는 책 소개, 광고 헤드라인 등을 필사하시길 권합니다. 꼭 연필로 쓰지 않아도 됩니다. 워드프로세서나 스마트폰의 타자기능으로도 효과가 있습니다.

글을 쓰고 있는 지금부터라도 독서량을 늘리고 베껴쓰기를 병행하세요. 작가라는 타이틀을 달고 강연자로 활동하게 될 것입니다. 꿈꾸세요. 갈망하세요. 실천하세요.

쓰기 전에 많이 읽어야 합니다. 사회복지사들의 실천기록, 이미 출판한 책 속 실천 이야기, 인문학 서적 등을 꾸준히 읽어야 합니다. 읽는 가운데 무엇을 쓰고, 어떻게 쓸지 그려집니다.

5. 책 집필 계획하기

프랑스 작가 기욤 뮈소는 "좋은 글을 쓰기 위해서는 책상에 엉덩이를 붙이고 오래 앉아 있어야 한다"라고 했습니다. 단순히 시간적이고 육체적인 고통만을 말하는 것이 아닐 것입니다. 글을 어떻게 경쟁력 있게 만드느냐, 어떻게 효과적으로 전달하느냐, 어떻게 생동감 있고, 리얼리티하게 서술하느냐, 어떻게 즉흥적인 서술을 막을 것이냐의 시각도 담겨져 있을 것입니다.

방향을 잡지 않고 글을 써나가면 답답함과 난감함의 연속이 계속될 것입니다. 글쓰기, 계획이 필수입니다.

책 계획하기는 글쓰기에 있어서 첫 단계에 해당합니다. 한 편의 글을 쓰기 위해서는 주제에 대한 종합적인 구상과정이 필요합니다. 글을 쓰다 보면 뭘 쓰고 있는지 내가 어느 방향으로 흘러가고 있는지 갈피를 못 잡을 때가 있습니다. 그 이유는 주제에 집중하지 못했기 때문입니다. 주제에 대한 확실한 인식과 구현을 위해(주제관념), 주제와 관련이 없는 이야기로 흐르는 것을 막기 위해(통일성), 개념을 일정하게 쓰는 습관이 없거나, 대상에 대한 생각이 일정하지 못한 것을 막기 위해(일관성) 계획을 세우고 글을 써야 합니다.

종합적인 분석과정은 주제에 따른 예상독자를 생각하면서 작성하면 글쓰기가 일관되게 이루어질 수 있습니다. 『사회복지직 공무원으로 살아가면서 알아야 할 40가지』를 집필하면서 작성했던 계획서에는 ① 책 제목, ② 집필자, ③ 집필기간(2015년 3월 1일~2016년 7월 31까지), ④ 독자분석(사회복지사, 사회복지직 공무원, 사회복지학과 대학생), ⑤ 유사도서(예 사회복지사가 꼭 알아야 할 35가지), ⑥ 가상목차(큰 목차 4~5개, 작은 목차 40개), ⑦ 자료수집(문헌검토, 현장기록물, 인터뷰 등), ⑧ 참고문헌(3개릅, 13권-1그룹 : 유사 동형 서적 3권, 2그룹 : 집필방향과 대상이 같은 서적 5권, 3그룹 : 기타 서적 5권), ⑨ 출판예정일, ⑩ 출판사로 구성했습니다.

책 집필 계획서

책 제목	『사회복지직 공무원으로 살아가면서 알아야 할 40가지』
집필자	사회복지학박사, 심윤무
집필기간	2015년 3월 1일~2016년 7월 31일까지
유사도서	최주환, 『사회복지사가 꼭 알아야 할 35가지. 나눔의 집 심제천, 『공무원 안주는 독이다』, 수리원
대상독자층	사회복지직 공무원 수험생, 사회복지직공무원 등
확대독자층	사회복지학과 4학년 졸업생
가상목차	제1부. 사회복지공무원의 기초(Basic) 제2부. 읍면동에서 100배 누리기 제3부. 시군구청에서 200배 누리기 제4부. 신나게 일할 수 있는 자기관리 기법 제5부. 다시
자료수집	문헌조사, 현장인터뷰, 기록물 등
참고문헌	대통령의 글쓰기 등 글쓰기 책 12권, 사회복지 관련 서적 30권, 논문 1편 (심윤무. 비취업 대상 조건부수급자의 탈수급 의사결정에 관한 근거이론 연구, 질적연구. 원광대학교)
출판예정일	2016년 7월 31일
출판사	도서출판 공동체, 도서출판 글사랑, 21세기사

글을 쓰기 전에 책 집필 계획서 먼저 작성하고 시작하길 바랍니다. 플롯(plot) 구상, 스토리 구성, 테마 선정 등 일련의 계획을 통해 주제에 대한 인식, 글의 통일성, 글의 일관성 세 가지를 지켜가며 글을 쓸 수 있습니다.

글쓰기 강좌에 참여해 보는 것도 글을 쓰는 데 도움이 됩니다. 한국보건인력개발원에서 기획하고 4년 동안(2013년부터) 진행되어 온 프로그램인 복서원(福西院, 사회복지현장 글쓰기 과정)을 통해 성장과정, 사유(思惟, 생각하고 궁리하는)과정, 욕구 실현 방법 등을 배웠고, 특히 내가 경험한 현장

이외의 사람들과 만남이 깊어지면서 의미 있는 시간들을 가졌습니다. 글쓰기 과정을 통해 만날 수 있는 사람과 길은 참으로 많습니다.

한국보건복지인력개발원에서 1년 과정으로 기획한 과정 프로그램으로는 복서원 책 발간 이야기, 책을 쓴 선배들과의 만남, 소통의 시간, 사회사업 글쓰기, 글쓰기 강좌(사회사업다운 실천), 글쓰기 워크숍, 가상출판 기념회, 나를 위한 글쓰기 또는 사회복지사를 위한 글쓰기, 글 속에서 나 찾기, 글쓰기 핵심 찾기, 출판을 위한 글쓰기 전략(맞춤법, 띄어쓰기, 외래어 표기법 등), 출판계획과 준비, 집필원고 초고발표 및 토의, 올바른 글쓰기 기술, 책은 어떻게 만들어지는가? 초고 교정(개인별 교정 작업), 집필원고 중간발표 및 토의, 출판용 원고 교정(개인별 교정작업), 출판계획과 마케팅 전략 세우기, 책나눔, 복서원 좀 더 알아가기, 책 더 읽기, 복지현장과 책 회고 등이 있습니다. 위에서 기술한 내용들을 참고하여 글을 쓰는 데 도움이 되었으면 하는 바람입니다.

출판계획서를 배경화면으로 저장하고 글을 쓰십시오. 출판계획서를 작게 만들어 내 행동 반경 안에 머물게(지갑 속, 차 안, 화장실) 하십시오. 글 쓰고 싶은 욕구가 일어날 것입니다. 눈에 자주 띄어야 실행에 자주 옮깁니다.

같은 장소, 같은 시간, 같은 주제로 하루도 거르지 않고 매일 컴퓨터 한글파일에 발자국을 남긴다면 꿈이 이루어질 겁니다. '저자가 되는 꿈' 말입니다. 설레시죠?

설레는 일을 하는 당신이 바로 '젊은 사람' 청년입니다.

6. 선행연구

선행(先行)은 어떤 일 보다 먼저 이루어진 것을 말합니다. 연구(硏究)는 어떤 일이나 사물에 대하여 깊이 있게 조사하고 생각하여 진리를 따져보는 것이므로, 선행연구(先行硏究, preceding study)란 현재 자신이 하려고 하는 연구보다 먼저 이루어진 연구를 말합니다.

2013년 오디션 프로그램 '케이팝스타' 시즌3에 이어 시즌4에 출전한 동생 남소현에 대한 박진영 심사위원의 심사평이 흥미롭습니다. 2014년 11월 23일 방송된 SBS '일요일이 좋다-K팝스타4' 첫 방송, 본선 1라운드에서 남영주의 동생인 남소현이 무대에 등장했습니다. 언니 남영주는 미리 촬영장에 도착해 눈물을 흘리며 동생을 응원했고, 남소현은 아이유의 '나만 몰랐던 이야기'를 부르며 언니 못지않은 노래실력을 뽐냈습니다. 하지만 박진영 심사위원은 작년에 언니 남영주의 고음문제를 지적했습니다. 그런데 동생이 같은 문제를 안고 출전하자 같은 무대에서 언니의 단점을 보완하거나 넘어서려 하지 않고, 똑같은 실수를 반복하느냐며 나무랐습니다. "언니의 단점이 지적되는 걸 보면서 똑같이 나와서 하는 게 이해가 안 된다. 남영주는 고음처리 문제를 몰랐다고 쳐도, 동생 소현양은 모르지 않았을 텐데 연구도, 준비도 하지 않고 나온 태도가 실망스럽다"라고 말했습니다.

우리일도 이와 같습니다. 어떤 일을 하든 그 일에 앞서 맡은 일과 관련한 글을 읽어야합니다. 예를 들면 전공서적, 논문, 통계청 자료, 관련법령이 있습니다. 타 시군구, 다른 복지관의 사업계획서나 보고서도 구해서 읽습니다. 나와 같은 일을 하고 있는, 뜻있게 일하고 있는 사회복지사를 직접 찾아가서 조언을 얻고 내용을 옮겨 적습니다. 선행연구를 하면 지난년도 사업의 한계를 알 수 있고, 어떻게 그 한계를 넘어설지의 방향이 잡힙니다. 선행연구 등 맡은 일에 대한 지적탐구가 내 업무와 개인의 발전을 가져옵니다. 맡은 일이 아무리 사소할지라도 연구하고 정리하며 최선을 다하는 것이 사람 인생에 직접적·간접적으로 개입하는 사회복지사의 자세입니다.

7. 책 제목 짓기

책 제목 짓기는 독자와 가장 먼저 만나는 제1의 소통창구입니다. 표지의 산뜻한 느낌과 함께 독자들에게 첫인상을 심어주는 책의 얼굴이기도 합니다. 인간사회의 관계의 덩어리를 맺을 때, 즉 직장, 사회생활에서 소통이 잘 되지 않는 사람을 만나면 일적으로든, 사적으로든 보기도, 만나고 싶지도 않을 것입니다. 그만큼 '첫인상이 중요하다' 하겠습니다. 오프라인 서점이든 온라인 서점이든 독자들은 책 제목이 책 내용을 말해준다고 인식합니다. 제1의 소통창구를 열어줄 제목, 단박에 나타나지 않죠. 책을 출간해 본 경험을 살려보면, 제목은 전혀 예상하지 못하는 순간, 뜻밖의 곳에서 옵니다.

첫 번째 책인 『사회복지직 공무원으로 살아가면서 알아야 할 40가지』를 쓰기 위해 인터넷 서점 yes**, 알*딘, 교*문고 등에 접속해 '사회복지'라는 검색어를 눌러봤습니다. 유사도서가 있는지를 파악하는 것이 급선무이기 때문에 검색을 하였더니, 2,465건이 검색되었습니다. 다음으로 '사회복지전담공무원'으로 검색을 눌러봤더니 1건이 검색되었습니다. 사회복지사업법상 사회복지직 공무원은 '사회복지전담공무원'으로 되어 있기에 책 제목으로 선정해 볼까 생각해 봤는데 바로 접었습니다.

그뿐 아니라 공무원으로 일하는 사회복지사이기에 '공무원사회복지사'로도 검색해 보았습니다. 비슷한 제목으로 6건 나타난 것이 전부였습니다. 비슷한 제목에서 가장 가까운 제목이 「사회복지사가 꼭 알아야 할 35가지」였습니다. '사회복지'에 대한 현장과 당사자에 대한 인식을 다르게 가져가고자 노력하고 실천하는 사회복지사 김세진 선생님은 '공무원사회복지사'로 가져갔으면 좋겠다는 말을 하였고, 필자도 그 제목으로 출판계획서를 보냈습니다. 하지만 출판사에서는 '마케팅 측면에서 바라봐야 한다'면서 '검색이 잘 되는 '사회복지직 공무원'으로 제목을 수정하면 어떻겠냐?'라고 의견을 제시했습니다. 결국 '리스트형' 제목인 '~하는 ○○가지'형으로 결정하였고, 역시 출판사의 판단은 옳았습니다. 사회복지직 공무원을 준비하는 사회복지학과 학생들도, 현직 사회복지직 공무원도 '사회복지직'이라는 검색어로 이 책에 접근할 수 있었다'고 말하였기 때문입니다. 출판사 편집부도 손익분기점을 생각해야하는 제목이어야 하기에 출간 직전까지 제목회의를 수차례 하였다고 합니다.

웅진지식하우스 박혜정 씨는 『'아주 사적인 독서'는 원래 '마담의 서재'이었다』에서, "사실 제목 짓기란 굉장히 어려운 과정입니다. 문학적으로 멋지게 쓰고 싶지만 대게 멋진 단어는 드물거나 어려워서 금방 이해가 되지 않고, 쉽고 흔한 말을 쓰면 이해하기는 쉽지만 자칫 책에 아무 특징이 없어져 버리기도 합니다. 고상한 말을 쓰면 책의 품위는 올라가지만 거리감도 함께 생기고, 발랄한 말을 쓰면 책의 인상이 유치해지거나 저속해 보일 위험도 있습니다. 따라서 책 제목은 그 사이에 있으면서 책의 내용을 잘 드러내 줄 수 있어야 하고, 저자의 이미지도 살려주어야 하고, 이 책을 읽을 독자의 호기심까지 적절하게 유발해야 합니다. 책 만드는 작업 중 가장 어렵고 중요한 작업이라고 할 수 있습니다"라고 밝히고 있습니다.

주부강좌를 책으로 만든 『아주 사적인 독서』라는 제목을 최종 선정하기에 앞서 고민 속에 버려진 제목들이 많았다고 합니다. '마님의 서재', '오전 열시의 비밀스런 책읽기', '수요일의 고전읽기', '고전은 어떻게 인생이 되는가?'까지 100개가 넘는 제목을 버렸다고 합니다.

한편 그린비출판사 편집부의 글에서는, '제목이 신선한 충격을 던져주거나', '시대의 분위기를 잘 집어내거나', '책 내용을 정확히 나타내거나', '인터넷 검색이 잘 되는 제목'이거나, '시대의 요구에 반응하는 문제 설정형 제목'이거나, '독자에게 얻는 아이디어성 제목'이거나, '언어의 맛을 살린 참신한 제목' 등이 독자의 눈길을 한 번이라도 더 받게 되고 효율적이'라고 말하고 있습니다. 그러면서 '제목을 짓는 일은 편집 작업 전 과정을 보았을 때에도 매우 중요하다. 책 제목에 따라 하위의 부·장·소제목과 편제에 변화가 일어나며, 본문의 구성과 레이아웃, 각주와 인용출처 처리 방식, 표지 분위기까지 결정하는 핵심 요소이다'라고 강조하고 있습니다.

첫 책인 사회복지직 공무원에 대한 경험을 담은 책 제목도 목차와 내용을 전부 담아내지 못하는 2% 부족한 책이 아니었나 싶습니다. '헤드라인 쇼퍼'들의 순간적인 관심을 끌게 하는 일인, '헤드라인으로 반하게 하는 일'이 그만큼 중요함을 다시 한 번 실감하는 계기였습니다. 지금 이 글을 쓰는 순간에도 책 제목을 여러 번 고쳤습니다. '사회복지사의 글쓰기', '내 책을 쓰고 싶은 사회복지사들의 교과서', '내 책을 쓰고 싶은 사회복지사들의 글쓰기 비법 50', '잘나가는 사회복지사의 글쓰기 원칙 50', '사회복지사가 꼭 알아야 할 글쓰기 비법 50' 등입니다. 어떤 책 제목으로 출간할지 기대와 걱정이 교차하는 순간입니다.

『직장인 글쓰기의 모든 것』에서 '모든 잘 팔리는 것에는 이유가 있다.

잘 읽히고 잘 통하는 글, 즉 잘 팔리는 글에도 이유가 있다. 그것은 바로 제목'이라고 말하면서 베스트셀러 제목 7가지 유형을 아래와 같이 제시하고 있습니다(송숙희, 2014 발췌수정).

첫째, 비법 공개형 '~하는 법'

예 회사 SNS의 이용객을 늘리는 법, 이 남자가 말하는 법, 아이의 슬픔을 치유하는 법, 돈의 주인이 되는 법

둘째, 리스트형 : '~하는 ○○가지'

예 유능한 여자인력의 유출을 예방하는 7가지 방안대책, '사회복지사가 꼭 알아야 하는 45가지', '최고의 아이가 되는 6가지 습관',

셋째, 제안형 : '~하려면 ~하라'

예 은퇴 후에도 월급을 받으려면 책을 써라, 성공하려면 듣는 법부터 배워라, 혁신하려면 실행하라, 성공하려면 어떻게 일해야 하는가, 장사를 하려면 화교상인처럼

넷째, 비교형 : '할 것 VS 말 것'

예 잘 읽히는 글 VS 잘 쓰이는 글

다섯째, 사실 공개형 : '~와 관련된', '~를 통해 알 수 있는'

예 분노와 관련된 치료, 약제를 통해 알 수 있는 스테로이드 사용방법

여섯째, 판도라의 상자형 : 미래나 트렌드를 알려줌

예 고령화 2030, 다가오는 인공지능의 세계, 인사하는 냉장고

일곱째, 경고형 : '아직도 ~하다면'

예 아직도 소셜미디어를 운영하지 않는 당신에게, 아직도 시작하지 않는다면, 아직도 ~다니십니까, 나는 아직도 누군가를 사랑하고 있다

좀 더 매혹적이고 독자의 흥미를 끌어내는 제목을 정하기란 어렵습니다. 단번에 좋은 제목이 떠오르는 것은 아니니 글을 쓰시면서 유형별로 기록해 놓으시고, 둘레사람들에게 여러 번 물어보고 테스트해 보시길 바랍니다. '가능한 한 오래 남을 제목'이 나타날 것입니다.

좋은 제목은 내용을 한마디로 전할 수 있는 강력한 역할을 합니다. 물론 좋은 제목은 좋은 글에 대한 기대감도 줍니다.

8. 목차 구성하기

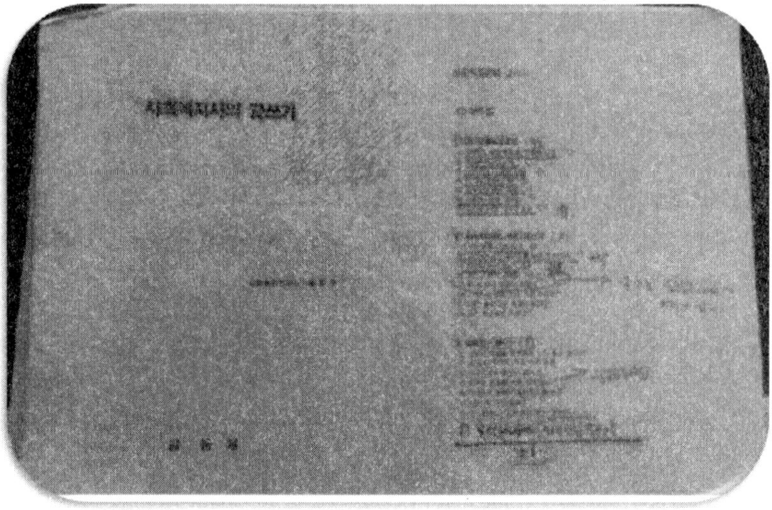

좋은 글은 어떻게 써야 할까요? 내가 말하고자 하는 바를 명확히 전달할 수 있는 글을 말할 것입니다. 먼저 쓰고자 하는 글을 두서없이 또는 생각나는 대로 적기보다는 먼저 목차를 만들고 글을 써보세요.

목차를 적다 보면 어떤 내용을 쓰고 싶은지가 눈에 들어옵니다.

독자는 내용을 읽기 전에 책의 제목과 목차를 읽습니다. 제목과 목차를 통해 글의 전반적인 내용을 유추하고 주제와 흐름을 짐작합니다. 독자들은 제목과 목차만 보고 책을 살 것인지, 말 것인지를 결정하기도 합니다.

양적연구로 연구를 진행하는 석·박사 논문들은 설문지만 잘 구성하면 논문 50% 이상을 썼다고 합니다. 이와 마찬가지로 책도 목차를 잘 구성하면 책 내용의 반은 쓴 것과 같습니다. 그만큼 목차를 짜는 것이 중요하고 어렵습니다. 목차는 출판계획서[4] 등을 제출할 때도 반드시 필요합니다.

내가 쓰고자 하는 주제에 대한 내용을 충분히 이해하고 글을 써야 합니다. 엉뚱한 내용을 가지고 오지 말고 그 주제에 맞는 목차를 일관되게 주장하는 것이 무엇보다 중요하다는 것입니다. 주제에 집중하지 않으면 목차도 엉뚱한 곳으로 흘러가고 관련이 없는 내용도 끌어들이게 됩니다.

『사회복지직 공무원으로 살아가면서 알아야 할 40가지』의 책 제목 아래 큰 목차 5개가 도출되었습니다.

---

4) 출판계획서란 저작권자와 출판권자가 서로 협의를 통해, 해당 출판물을 어떻게 출판할 것인지에 대한 계획을 기록한 것이다. 출판계획서에는 실질적으로 출판을 수행할 기간과 방법, 출판 내용, 출판 절차 등을 기입하도록 한다(출처 : 다음백과사전).

제1부. 사회복지공무원의 기초(Basic)

제2부. 읍면동에서 100배 누리기

제3부. 시군구청에서 200배 누리기

제4부. 신나게 일할 수 있는 자기관리 기법

제5부. 다시

사회복지공무원의 기초, 읍면동에서 100배 누리기, 시군구청에서 200배 누리기, 신나게 일할 수 있는 자기관리 기법, 다시 → '5개의 큰 목차면 제목인 『사회복지직 공무원으로 살아가면서 알아야 할 40가지』를 포괄할 수 있겠다'라고 생각했습니다. 질적연구에서는 의미단위 5개가 모여 한 개의 주제(제목)로 진행되는 과정을 '범주화'라고 합니다. 5개의 범주 아래 하위범주(세부목차)를 만들고 나서 글쓰기를 본격적으로 하면 됩니다. 그럼 이제 제목 만들기(설정)에 도움이 되는 질적연구, 근거이론에 대해서 알아보겠습니다.

근거이론(grounded theory)은 Glaser와 Strauss(1967)가 상징적 상호작용주의에 근거하여 인간의 문제나 경험의 다양성을 풍부하게 구하여 실무적으로 용이한 middle-range theory를 개발, 기여한다는 것에 그 목적이 있습니다. 근거이론의 초점은 현장에서 수집한 자료에 근거하여(심층면접 등) 이론을 개발하는 것으로 가장 핵심적인 부분은 현상의 맥락과 밀접하게 관련되는 이론을 개발 혹은 생성하는 것이므로 개념(concept) 혹은 일련의 개념 군들 간의 관계가 매우 중요합니다.

그 개념을 만드는 작업체계들은 포화될 때까지(더 이상 범주가 나오지 않을 때까지) 면접 자료를 수집하기 위해 현장에 수차례 방문하여 정보를 수집하고, 자료를 분석하고, 다시 현장으로 나가서 더 많은 정보를 수집합니다. 반복하는 과정을 거치면서 그러한 경험적 자료로부터 개념이 형성되고 발달되며, 개념들의 수정통합을 통해 실제적인 이론을 개발하고 연구보고서를 작성합니다.

2014년 2월 필자의 박사학위 논문 「비취업 대상 조건부 수급자의 탈수급 의사결정에 관한 근거이론 연구」에서, '심층면접내용(글쓰기 재료)→ 개념(내용) → 하위범주(세부목차) → 범주(큰 목차) → 주제'로 이어지는 과정을 실제 사례로 보겠습니다.

" 아버님 어머님이 이혼하시고 저는 친척들 손에서 자랐어요.
기억에도 없어요. 일반 가정과 다르니까 모든 것이 어려웠어요."
♣ 기억에 없는 부모

- 기억에 없는 부모(개념 1)
- 가난한 집에서 태어남(개념 2) ♣ '**없는 집에서 나고 자람**'(하위범주)
- 가난해서 못 배웠음(개념 3)
- 없는 집에서 나고 자람(하위범주 1)
- 부모의 역할 상실(하위범주 2)
- 빈곤의 세습(하위범주 3) ♣ '**비자발적 불행에 놓임**'(상위범주)
- 불완전한 결혼(하위범주 4)
- 그림자 배우자(하위범주 5)

구 분	범 주
상위범주	1. 비자발적 불행에 놓임
	2. 심리사회적 장벽
	3. 벼랑 끝에 섬
	4. 조건부 수급자가 됨
	5. 어려운 여건 속에서 고뇌하기
	6. 보여주기식 저소득 지원 정책
	7. 제도의 한계
	8. 열악한 탈수급 통로
	9. 지지체계의 도움을 얻을 수 있다는 인식
	10. 정부의 도움을 받고 있다는 인식
	11. 제도를 통한 자립전망 인식
	12. 안정된 상태에서 자립을 준비할 수 있다는 인식
	13. 탈수급 여부에 대한 지속적인 고뇌
	14. 탈수급 의지 키우기
	15. 제도를 통한 탈수급 방안 찾기
	16. 자신감을 갖게 됨
	17. 자립에 대한 불안
	18. 현재의 삶을 유지함
	19. 탈수급에 도움을 줄 수 있는 제도 마련 요망

'1. 비자발적 불행에 놓임'부터 '19. 탈수급에 도움을 줄 수 있는 제도 마련 요망'을 통해 주제가 도출됩니다. '비취업대상 조건부 수급자의 탈수급 의사결정과정은 어떠한가'의 연구주제로 시작되어 **심층면접 → 개념 → 하위범주 → 상위범주를 거쳐 최종주제는 '맞춤형 프로그램 부재 속에서 합리적 행동자로 살기'로** 결정되었습니다.

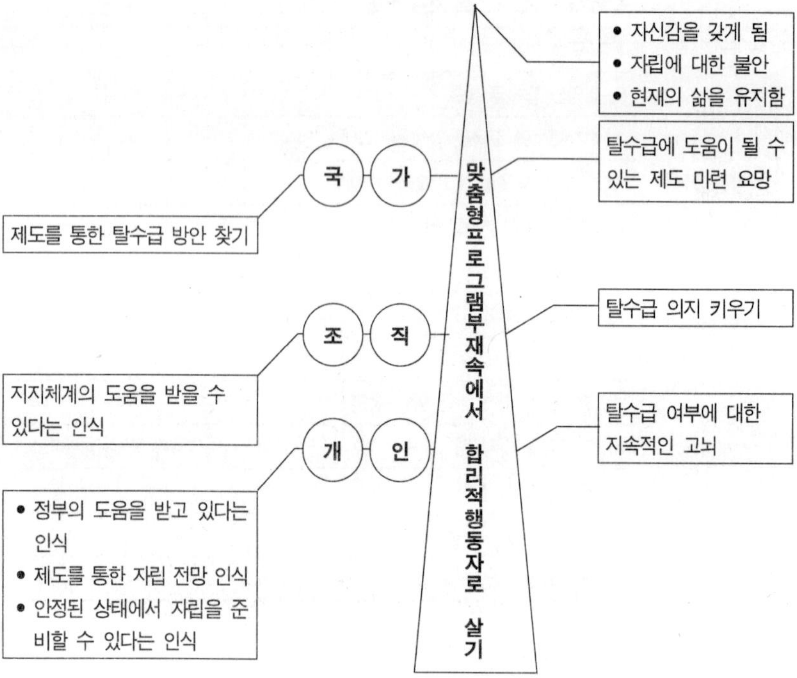

'맞춤형 프로그램 부재 속에서 합리적 행동자로 살기' 상황모형

이와 함께 '제목 만들기'에 도움이 되는 두 가지 근거이론 개념을 알아보겠습니다.

• 범주(category) : 근거이론 연구에서 분석된 정보의 단위입니다. 사건,

사고, 현상의 실례로 구성되고, 짧은 이름이 붙습니다.

- **진술 그대로의 기호**(in vivo codes) : 근거이론 연구에서 코드나 범주에 이름을 붙일 때 면접대상자가 사용한 적합한 어휘를 그대로 사용하는 것입니다. 독자들의 주의를 끌고 즉시 눈에 들어오게 합니다. 글쓰기를 할 때 목차가 생각나지 않는다면 내용을 여러 번 읽고 내용 속에서 찾아보세요. 훌륭한 제목이 숨어 있을 것입니다. 내용의 핵심을 뽑아 소제목으로 써보는 겁니다. '인 비보 코드' 진술 그대로의 기호를 참고하시길 바랍니다.

한편 큰 목차 5개에 대한 세부목차는 고치고 고치기를 수십 번 거쳐 이렇게 구성했습니다.

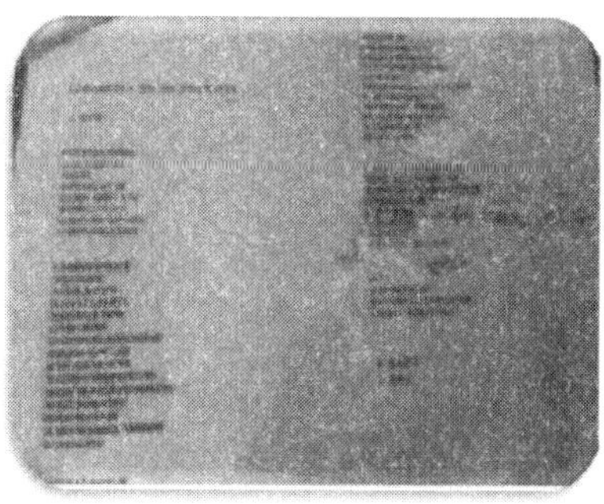

제1부. 사회복지공무원의 기초(Basic)
제2부. 읍면동에서 100배 누리기
제3부. 시군구청에서 200배 누리기
제4부. 신나게 일할 수 있는 자기관리 기법
제5부. 다시

part 1. 사회복지공무원 기초(Basic) - 상위범주

1. 인사가 사회복지의 열쇠 - 하위범주 - 내용(개념)
2. 공부하자
3. 함께 일하고 싶은 사람
4. 민원인과 대화하는 대화기법
5. 민원처리의 1·3·5법칙
6. 민원처리기한을 기다리지 마라
7. 지방공무원 4계절을 준비하라

part 2. 읍면동에서 100배 누리기

(초고는 '읍면동에서 살아남기'이었음)

1. 똥개, 9급 공무원
2. 이장·통장과 친해져라
3. 주민들에게 길을 물어봐라
4. 복지자원지도를 만들어라
5. 이벤트는 필요하다
6. 사회복지공무원이 자매결연 사회자 되다
7. 후원자에게 지속적인 관심을
8. 매장과 개장신고에 주의하라
9. 시군구청장 연두순방 준비는 이렇게
10. 주민의 역량과 의지를 결집, 주민화합 한마당
11. 경로당 준공식은 마을잔치
12. 5월엔, 어르신 효도잔치
13. 경로당, 놀이터 관리자는 사회복지공무원
14. 질적 연구를 배워라

part 3. 시군구청에서 200배 누리기

(초고는 '시군구청에서 살아남기'이었음)

1. 순기표의 업무매뉴얼을 만들어라
2. 복지기획 필요하다
3. 의회사무국 사회복지공무원
4. 1페이지 보고서로 실행력을 높이자
5. 신문기사, 기자만이 쓰는 것은 아니다
6. 인사말 잘 쓰는 법
7. 행사 시나리오 작성법
8. 의전행사 알아야 블루오션 기관
9. 복지문제를 풀려면 '박람회' 열어야
10. 사업 후에 현장 확인은 반드시 하라
11. SPSS(통계기법)를 배워라
12. 교육만이 살길이다

part 4. 신나게 일할 수 있는 자기관리 기법

1. 소진을 예방할 수 있는 취미를 가져라
2. 사회복지도 중요하지만 가정복지에 신경 써라
3. 비밀산타가 되어보자
4. 한계를 인정하라
5. 글쓰기를 통해 책의 저자가 되어보자

part 5. 다시

1. 길이 없으면 길을 만들며 간다
2. 진정한 사회복지사로 다시 살기

책을 출간하고 난 후 생각해 보니 목차는 작업을 단순화시키는 작업이고 글쓰기의 시작이라고 할 수 있습니다. 주제에 무조건 큰 제목 3~5개를 만들어 놓고 그 큰 제목 아래 작은 제목을 만들어 가면 됩니다.

목차를 만드는 일은 독자들이 책을 읽을 것인지 읽지 않을 것인지를 결정하게 하는 중요한 작업입니다.

결정적 한 줄의 '매력적인 목차', 지금 이 글을 읽는 당신도 만들 수 있습니다.

9. 글쓰기 환경 갖추기

어포던스의 법칙이라는 말이 있습니다. 어포던스(affordance)란 어떤 형태나 이미지가 행위를 유도하는 힘을 말합니다. 이에 가장 먼저 할 일은 환경을 세팅하는 것입니다(유나경, 2012).

글을 쓸 수 있는 환경을 만들어야 합니다.

글쓰기에 몰입할 수 있는 독립된 공간, 커다란 책상, 노트북, 어휘채집 노트, 사진기 등을 구입합니다. 환경이 어느 정도 갖추어지면 행동을 하는 데 수월하기 때문입니다.

듀얼 모니터 구입도 필요합니다. 연구소나 증권가에서나 볼 수 있는 '듀얼 모니터'를 사용하면 편리하고 글쓰기 속도도 빨라집니다. 글쓰기를 위해 저장해 둔 자료를 모두 프린트하지 않고도 왼쪽에서 바로 발췌하여 글쓰기를 할 수 있기 때문입니다. 비디오 자료의 경우도 필요한 부분은 '캡처 도구'를 활용하여 이미지 파일로 만들어 둘 수 있어 효율적이었습니다.

10. 글쓰기 중단의 유혹

삶을 사는 것과 글을 쓰는 것은 같습니다. 주제와 목차를 정해놓고 한 꼭지씩 글을 써 내려 가지만 말처럼 쉽게 써지질 않습니다. 한 줄 쓰고 나서 멈추고, 노트북 화면 속 깜박이 커서와 눈을 마주치다 일어나고, 맞춤법, 띄어쓰기, 외래어 표기법 등이 잘 되지 않아 멈추고, 쉽게 쓰되 심도 있는 글을 쓰지 못하기에 멈추고, 무수히 많은 동의어 중에 문장에 들어갈 적합한 단어 고르지 못해 멈추고 정작 몇 자 작성하지 못하고 노트북 화면을 닫습니다.

노트북 자판을 통해 물 흐르듯 자연스럽게 글이 나와주면 좋으련만 그렇지 않은 것이 문제입니다. 그뿐 아니라 자판 오른쪽 편에 자리 잡은 백스페이스(BackSpace Backspace)키와 딜리트(Del Delete)키를 하루에도 수십 번씩, 아니 수백 번씩 반복하여 쓴 긴 문장을 지워버려야 할 때도 있고, 글의 통일성과 일관성을 위해 잘 표현된 글(한 문장, 한 단락)을 통째로 바꾸는 일도 생깁니다. 이럴 때면 지루하고 고단한 작업인 글쓰기를 중단하고 싶은 유혹에 시달립니다. 유혹은 내 마음에서 시작되어 주위 사람들까지 범위를 확장합니다. 그만두고 싶어질 것입니다.

글을 쓴다는 것이 쉬운 일만은 아닙니다. 생각만큼 잘 되지 않기 때문입니다. 생각한 대로 잘 진행되지 않고 잘 못했을 수도 있지만, 책 제목과 큰 목차, 작은 목차까지 잡은 것만 해도 잘한 일입니다. 요리도 그렇듯이 책도 종류와 분야가 다를 뿐이지 누가 잘 쓰고 누가 못쓴 글이 있을 수 없습니다. 요리도 책도 종류와 분야가 다르면 만들어지는 시간과 방법들이 다 다릅니다. 베스트셀러들과 비교하지 마세요. 당신의 책은 의미 있는 사람에 의해 쓰이고 있고, 의미 있는 사람들이 선택해서 볼 책입니다. 의미 있는 일들을 하고 있는 겁니다.

'그래요. 여기까지 잘 왔어요.'

여기까지 써온 글들 조금만 더 확장하며 글을 쓰세요. 정직하게 그리고 꾸준하게 시간을 내어 써보세요. 베스트셀러 작가도 지루하고 힘든 작업을 똑같이 합니다. 글쓰기는 자전거처럼 페달을 밟은 만큼 나아갑니다.

외로워도, 힘들어도 여기까지 써온 글들에 조그만 글을 보태어 쓰세요. 글은 머리로 쓰는 게 아니라 엉덩이로 쓰는 것입니다. 생각하지 말고 노트북 전원을 켜고 쓰면 됩니다. 시간을 투자해서 조금씩 써 가다 보면 단어가 짧은 문장으로, 짧은 문장이 단락으로, 단락이 한 꼭지로, 한 꼭지가 책으로 만들어집니다.

『대통령의 글쓰기』 저자 강원국은, '글쓰기는 숙성기간이 필요한 와인과 같다'고 아래와 같이 말했습니다.

"와인이 부드럽고 깊은 맛을 내기 위해서는 숙성기간이 필요하듯이, 글도 생각의 숙성 기간이 필요하다. 그러나 단박에 써 내려 가지 못하는 것에 대해 조바심을 가질 필요는 없다. 때로는 며칠씩 묵혀두고 다른 일을 할 필요도 있다. 그러다 문득 떠오른다. 언제일지 모르고, 어느 장소일지 모른다. 혼자 걷다가, 혹은 누군가와 대화하다가, 또는 화장실에서 떠오를 수 있다. 바로 그 순간을 놓치지 않고 붙잡으면 된다"라고요.

글쓰기가 되지 않는다고 포기하지는 말고 잠깐 행위를 중단하고 다른 일을 하십시오. 그렇다고 아예 손에서 놓아버리면 안 됩니다. 생각의 끈은 쥐고 있어야 합니다. 행위만 놓으십시오.

'어려워 보인다. 안 될 것 같다'라며 매번 좌절하는 글쓰기, 포기하지 않는다면 세상에 둘도 없는 내 책이 빛을 볼 날이 얼마 안 남았습니다.

무슨 일이든 포기하지 않고 계속해 나가다 보면 아름답고 멋진 무엇이 이루어집니다. 그래서 인생과 글쓰기는 닮았습니다. 삶 역시 도전과 실패의 연속을 통해 완성되어지기 때문입니다.

연꽃에 물이 차면 기울여 물을 쏟아내듯이 당신은 지금 스스로 할 수 있는 일, 감당할 수 있는 일을 하고 있습니다. 조금만 더 힘을 내세요.

11. 잘 읽히기 위한 글쓰기

어떻게 하면 독자들이 내 책을 읽고 '술술 읽히는 글'이라고 서평을 할까요?

글 쓰는 사람은 작은 소망이 있습니다. 나의 글이 수많은 독자들에게 사랑을 받고, 나의 글이 잘 읽혀지기를 바라는 것입니다. 베스트셀러 작가들은 잘 읽히기 위해서 하는 두 가지 방법이 있다고 말합니다. 첫째는 '글은 고칠수록 좋으니 퇴고의 시간을 오래 가져야 한다'라는 것이고, 둘째는 '처음부터 잘 읽히는 글을 쓰는 것이다'라고 합니다. 또 다른 글쓰기 과정이라 말하는 퇴고는 퇴고의 질에 따라 글의 질도 달라진다는 말이 있습니다. 그만큼 퇴고는 중요합니다. 오타와 비문을 잡아내고, 운율을 점검하며, 논리와 표현을 재고하는 시간, 글 고치기 과정은 한 꼭지를 가지고 생각해 보겠습니다.

그렇다면 처음부터 잘 읽히는 글을 쓸 수는 없을까요?

글쓰기 멘토 김병완 작가는 자신의 블로그(blog)에서 'ABC 글쓰기' 비법을 제시하고 있습니다. 'ABC란 누구든 한눈에 읽힐 만큼(affordable) 매력적(attractive)이고, 거기에다가 간단하고(brief) 심지어 명료(clear)하기까지 한 글을 의미한다'라고 하고 있습니다.

A : Affordable, 한눈에 읽히는 attractive 매력적인 글. – 우아하게 쓰라.
B : Brief 간단하고 간결한 문체의 글. – 간결하게 쓰라.
C : Clear 메시지가 명료하고 분명한 글. – 분명하게 쓰라.

나의 처녀작인 『사회복지직 공무원으로 살아가면서 알아야 할 40가지』를 쓸 때, 조직에서의 생존을 위해 썼던 직무수행 글쓰기 노트가 책을 쓰는 데 많은 도움을 줬습니다. 내가 쓴 글이지만 10년 전에 쓴 글을 보면서 유치한 것은 둘째 치고 나의 낮고 옅은 지식과 지성의 수준을 적나라하게 드러내 주는 글이라는 것에 얼굴을 들 수가 없었습니다. 하지만 내가 쓴 글이기에 민낯이어도 좋습니다. 꾸밈없이 쓴 글들이기에, 정제되지 않았기에, 현실감 있고 독자들의 마음에 다가갈 수 있다고 믿기 때문입니다. 화장을 짙게 한다고 무조건 예쁘지는 않습니다.

2014년부터 2016년까지 사회복지분야에서 많이 읽혀진 책이라고 하지만 여전히 졸작이라는 생각을 떨쳐버릴 수가 없습니다. 그래서 시작한 것이 있습니다. 글쓰기 근육을 키우기 위한 글쓰기 운동입니다. 하루에 몇 분, 한 줄의 글이라도 쓰는 것입니다. 매일 하면 좋지만 그렇지 못한 날도 있기에 시간이 날 때마다 글을 썼습니다. 형식이 아니라 내용으로 오로지 많이 썼습니다. 사회복지대학원 박사학위 논문인 질적 논문 글쓰기와 2년간의 짧은 글들을 쓰면서, 교수님으로부터, 책으로부터 배운 글 잘 쓰는 다섯 가지는,

첫째, 글을 잘 쓰고 싶다면 많이 써야 한다.

둘째, 내가 쓴 글을 많은 사람들에게 공개한다.

셋째, 글쓰기 모임에 나가서 그들과 공유하고 읽고 생각을 나눈다.

넷째, 블로그를 열어 조금씩 글을 쓴다.

다섯째, 목차를 적어 가지고 다니면서 그 목차에 관한 생각만 한다. 어떤 사람을 사랑하면 그의 모습과, 그의 시선과, 그의 동선을 따라다니듯이 써야 합니다.

그렇다면 잘 읽히는 글쓰기란,

첫째, 단문으로 쓰고,

둘째, 쉽게 쓰고,

셋째, 말하듯이 쓰고,

넷째, 반복된 표현을 피하면서 쓰고,

다섯째, 드라마 대사처럼 쓰고,

여섯째, 두괄식으로 쓰고,

일곱째, 적절한 곳에 '엔터'를 치면 됩니다.

(내용이 바뀔 때 줄을 바꿔주면 독자가 읽기 편함)

또한 생각의 전환이 있는 글도 잘 읽힐 수 있습니다.

어느 화장실에서 발췌한 글입니다.

「당신이 저를 소중히 다루시면,
제가 본 것은 비밀로 해드리겠습니다.
쉿! :) - 변기 올림

「If you treat me preciously, I will keep
What I saw a secret.
Hush ! :) Sincerely, toilet」

2016년 2월 대한민국의 여심을 저격하고 흔들었던 '태양의 후예'라는 드라마가 있었습니다. 태후신드롬[5]은 절묘한 선택과 집중이 만들어 낸 작품이었습니다. 송중기, 송혜교가 주연을 맡았고, 김은숙 작가가 오랫동안 준비한 기대작이었기 때문입니다. 김은숙 작가의 작품 '태양의 후예', '상속자들', '시크릿 가든', '파리의 연인'에서 작가의 명대사에 시선이 계속 멈춥니다. 작가가 만들어 낸 세계에서 인물들의 대사는 현실과 꽤나 동떨어져 보입니다. 하지만 시청자들의 뇌리에 스치고 기억될 '명대사'라 일컫는 펀치를 끊임없이 날립니다. 그녀의 대사는 절절하다 못해 오그라들기까지 합니다.

(돌발 키스를 떠올리며)
"뭘 할까요? 내가, 사과할까요? 고백할까요?

- '태양의 후예', 송중기

5) 신드롬이란 전염병과 같이 급속도로 퍼져나가는 현상을 말한다.

"혹시 나 너 좋아하냐?"

"내가 너 안고 싶으면 나 미친놈이냐?"

'상속자들', 이민호

"길라임 씨는 언제부터 그렇게 예뻤나? 작년부터?"

"이게 최선입니까?"

- '시크릿가든', 현빈

"행복하게 해주겠다고 약속했었습니다."

"미련이 남아 있으면 행복할 수 없습니다."

'태양의 후예', 진구

"애기야 가자."

"저 남자가 내 사람이다. 저 남자가 내 애인이다! 왜 말을 못하냐고!"

'파리의 연인', 박신양

드라마 대사처럼 쓰는 것이 문법에 조금 어긋나더라도 잘 읽혀진다면 그렇게 쓸 필요가 있다고 생각합니다.

<태양의 후예 드라마 대사 중>

"이 환자 살릴 수 있습니까?"

"네 확실한 건 열어봐야 알겠지만……."

"복잡한 애기는 됐고! <u>살릴 수 있는지 없는지만 대답해요. 의사로서.</u>"

"복잡한 애기는 됐고! <u>의사로서 살릴 수 있는지 없는지만 대답해요.</u>"

문법에 맞게 썼다고 잘 읽혀지는 글일까요?

주어와 동사가 좀 바뀌어도 괜찮습니다. 바뀌면 강조가 됩니다. 두근거립니다.

꿈꾸는 사회와 사람의 모습을 그린 글, 마땅히 해야 할 일들을 생각하며 하루하루 살아간 글, 마땅함을 찾으려고, 실천하려고 애썼던 글, 무엇보다도 진정성이 담긴 글이면 됩니다. 잘 읽혀지고 통합니다.

12. 내용을 구성하는 세 가지 틀

책의 제목과 소주제(꼭지)를 정하고 글을 어떻게 전개해야 할지 고민이 많습니다. 베스트셀러 작가들도 글을 물 흐르듯이 쓰는 것은 불가능하다고 합니다. 소주제는 잘 정했는데…… 한 글자, 한 문장, 한 단락도 쓰지 못할 때가 있습니다. 노트북 화면의 마우스 커서만 깜빡이고 있는 순간이 계속될 때……. 이럴 땐 어떻게 해야 할까요?

여기에 고단한 삶을 살아가는 사회복지사가 글을 쓰려고 할 때 참고해야 할 내용구성 세 가지 틀이 있습니다. 첫째, 글의 주제(결론)가 글의 앞에 나오는 글쓰기 방법인 두괄식, 둘째, 글의 주제가 글의 뒤에 나오는 글쓰기 방법인 미괄식, 셋째, 글의 주제가 글의 앞과 뒤에 두 번 나오는 글쓰기 방법인 양괄식이 있습니다. 이 장에서는 두괄식의 강조형인 양괄식을 생략하고 두괄식과 미괄식 그리고 창의적인 방식을 기술하고자 합니다.

1) 두괄식

논설문이나 설명문에서 많이 쓰이는 두괄식은 단락이 앞부분에 먼저 소주제문을 제시한 후, 이어서 여러 문장들을 통하여 그것을 서술, 전개해 가는 방식입니다. 서론에 주제를 직설적으로 전달하는 글을 시작으로 직접적 사례, 다른 사례들을 차례로 배치합니다. 여기서 중요한 것은 주제와 사례들이 서로 관련이 있음을 보여줘야 합니다. 또한 마지막 문단에서 주제를 요약하면서 강조하고 설득력 있고 명확한 결론으로 마무리합니다. 두괄식 글쓰기는 대학 논술시험이나 학교 리포트, 회사 보고서에서 자주 활용됩니다.

사회복지사들은 일상적인 글쓰기나 말하기, 정보전달을 목적으로 하는 글을 많이 씁니다. 따라서 독자가 글 쓰는 이의 의도를 정확하게 파악할 수 있고 자신의 글을 오래 기억하기를 원한다면 두괄식 글을 쓰는 것이 좋습니다.

2) 미괄식

시, 소설, 만화, 애니메이션, 연극, 영화, 드라마 등 예술(문학작품 등)을 목적으로 하는 글에서는 미괄식이 자주 사용됩니다. 왜냐하면 문학작품에서 볼 수 있듯이 상대방의 궁금증을 유발하고 흥미를 유지시키기 위해서는 결론을 마지막에 내려야 하기 때문입니다. 장점만 있는 것은 아닙니다. 미괄식의 단점은 사람들이 결론을 기억하지 못하는 경향이 있다는 것입니다.

예 "그 영화! 나도 봤지. 정말 재미있었어. 그런데…… 결말이 어떻게 되더라?"

구체적인 주장을 일화나 논의를 통해서 전개하는 미괄식은 반대의견을 예상해서 쓴다는 것도 특징입니다. 끝까지 결론을 끌고 가기에 흥미진진해 보이지만 "너는 참 글을 잘 쓴다"라는 소리만 들을 수 있습니다. 말은 참 재미있는데, 말하는 사람이 의도하는 것을 독자가 이해하지 못한다면 미괄식으로 글을 전개해야 할 까닭이 없습니다.

예 EBS 다큐프라임 '공부의 왕도 1부 : 인지 세계는 냉엄하다' 중에서
<결론이 무엇인지, 글쓴이의 의도가 무엇인지 모르는 글>

이 절차는 매우 단순하다. 먼저 물건들을 여러 종류로 구분한다. 경우에 따라서는 한 종류만 있을 수도 있다. 기계가 없을 때는 다른 곳으로 가야 하지만 기계가 있다면 준비는 거의 다 된 것이다. 이제 지나치지 않게 일을 하는 것이 중요하다.
다시 말해 한 번에 너무 많이 하는 것보다는 한 번에 좀 적다고 생각될 정도로 하는 것이 더 낫다.
단기적인 안목에서는 이렇게 하는 것이 별로 중요해 보이지 않을 수도 있지만 이렇게 하지 않으면 일이 복잡해지기 쉽다.

한 번 잘못하면 큰 손해를 볼 수도 있다.
처음 이 일을 시작할 때는 이런 절차가 복잡해 보일 수도 있지만 곧 생활의 일부가 될 것이다. 가까운 미래에 이 일이 사라지기는 어렵다. 그러나 어쩌면 사라질 수도 있다.

이 절차가 끝나면 물건들을 여러 종류로 나누어서 정돈한다.
그 다음에는 물건들을 적절한 장소에 집어넣는다.

이 물건들은 다시 한 번 사용되고, 사용된 다음에는 이 절차가 반복된다.
이런 일은 우리 생활의 일부이다.

이 글의 제목은 '빨래하기'입니다. 무슨 말을 하고 있는지 모르겠습니다. 결론을 맨 앞에 기술하는 것이 좋겠습니다.

3) 창의적인 방식

이 방식은 결론을 먼저 내리는 두괄식과 결론을 끝에 내리는 미괄식의 방식이 아닌 독자의 관심과 흥미를 불러일으키는 일화를 가지고 전개하는 방식입니다. 익숙한 두 방식에서 벗어나 일화, 편지, 일기, 대화, 질문 같은 새로운 형식으로 내용을 구성해 보면 어떨까요? 일상생활 속에서 주제를 찾아낼 수 있고 상상력을 충분히 활용할 수 있는 사회복지사라면 새로운 형식에 도전해 글을 써보시기 바랍니다.

예 나를 찾아가는 질문들, 하부르타 질문 수업, 글쓰기 좋은 질문 642가지

13. 인용과 표절 및 주석이용

1) 인용(引用)

인용이란 남의 말이나 글 가운데 필요한 부분을 끌어다가 자신의 말이나 글 속에 넣어 설명하는 데 쓰는 것을 말합니다. 즉, 인용은 하나의

저작물을 원저자를 밝히고 널리 알려진 형식을 사용하여 다른 저작물에 이용하는 것을 뜻하며, 타 저작물을 이용하면서 인용임을 밝히지 않는 경우에는 표절이 될 수 있으니 주의하셔야 합니다(위키백과사전).

또한 인용은 다른 표현 형태를 반복적으로 사용하는 것을 말하기도 하는데, 특히 그림, 영화의 장면, 음악의 일부 등 예술적 작품의 섹션으로 사용되기도 합니다. 인용은 직접인용과 간접인용이 있습니다. 될 수 있으면 특별한 이유가 없다면 반드시 간접인용을 해야 하며, 직접인용을 할 때에도 간단하게나마 해석을 덧붙여야 합니다. 그리고 인용을 할 때에는 무엇보다 표절을 피하기 위해 인용과 인용정보를 정확히 제시해야 합니다(정병기, 2008).

모든 인용에 대해서는 그 저자와 출전을 분명하게 밝혀야 합니다. 특히 재인용을 할 경우에는 저자와 출전을 정확히 확인하고 인용해야 합니다.

‖ 직접인용과 간접인용 ‖

그 학자는 "인간은 자연을 지배하기도 하고 자연에 복종하기도 한다"라고 말했다.
(직접인용)

그 학자는 '인간은 자연을 지배하기도 하고 자연에 복종하기도 한다'고 말했다.
(간접인용)

(1) 직접인용

직접인용은 인용한 말이 큰 따옴표로 표시되며 인용한 말 뒤에 '~라고'가 나옵니다. 직접인용은 가능하면 피하는 것이 원칙이지만, 다음의 경우에는 직접인용을 해야 합니다. 그리고 직접인용일 경우에는 특히 원문대로 인용되었다는 철자와 구두점까지 명확하게 확인하는 습관을 들일 필요가 있습니다.

직접인용이 필요한 경우는,

첫째, 원문의 표현만이 가장 적당할 때

둘째, 원문이 아니면 그 의미를 독자가 곡해할 염려가 있을 때

셋째, 수식을 인용할 때

넷째, 자기의 견해와 대조되는 것을 부각시키고자 할 때입니다.

(2) 간접인용

간접인용은 인용한 말 다음에 작은따옴표로 표시되며 인용한 말 뒤에 '~고'가 나옵니다. 간집인용은 내용을 위주로 내용을 재구성하여 인용하는 방식을 말합니다. 간접인용일지라도 인용된 부분의 핵심이 인용되었다면, 문장이나 단락의 마지막에서가 아니라 반드시 해당 부분에서 출처를 밝혀야 합니다. 간접인용도 지나치게 많은 것은 좋지 않습니다.

직접인용이든 간접인용이든 모두 참고자료에 해당되기 때문에 자신이 말하고자 하는 생각을 자신의 문장으로 표현하는 것이 중요하다고 할 수 있겠습니다.

모든 문장이 내 머리에서 나오기를 기대해서는 안 됩니다. 지나친 것은 좋지 않지만 인용을 활용하세요. 그래야 글쓰기가 수월합니다.

'하늘 아래 새로운 것은 없다'고 고전에서는 말하고 있습니다.

2) 표절(剽竊)

표절이란 시나 글, 음악 따위를 지을 때, 남의 작품의 일부를 자기 것

인 양 몰래 따서 쓰는 걸 말합니다. 글쓰기의 부정행위에는 크게 전문도용, 무임승차, 자기복제와 중복제출, 자료위조, 자료변조, 표절과 짜깁기가 있습니다. 여기에서는 표절을 보도록 하겠습니다.

표절에는 다섯 가지 유형이 있습니다.

첫째, 출전표기 없이 다른 사람의 연구방법론이나 핵심 아이디어를 사용하는 경우

둘째, 다른 단어와 표현을 사용했더라도 문장의 구조나 전개방식을 모방하는 경우

셋째, 다른 단어의 표현을 했더라도 문장의 구조나 전개방식을 모방하는 경우

넷째, 출전표기 없이 정보나 자료를 사용(그림, 표, 슬라이드 등)하는 경우

다섯째, 진위를 두고 논란이 되거나 상식을 넘어서는 사회적·역사적·자연적 사실을 출전표기 없이 시용하는 경우

여섯째, 출전표기를 했더라도 큰 따옴표를 사용하지 않음으로써 인용된 부분이 명확하게 드러나지 않을 때

3) 주석(註釋)

주석이란 낱말이나 문장의 뜻을 쉽게 풀이한 것을 말합니다. 주석(아래한글 : Ctrl + N + N)의 내용주 혹은 설명주는 본문을 보완하는 기능을 하지만 사족이므로 쓰지 않는 것이 좋습니다. 특히 직접 관련이 없거나 필요한 보완이 아님에도 많이 안다는 것을 자랑하기 위한(영어, 한자 등) 주석은 불필요합니다.

그럼에도 불구하고 출전 표기 외에 주석을 다는 경우는,

첫째, 본문에서 논의된 테마를 뒷받침하는 다른 참고 문헌들의 정보 추가

둘째, 책 내부의 특정한 부분 혹은 외부의 참조지시

셋째, 뒷받침하는 인용문의 도입

넷째, 본문에서 주장한 내용의 확대

다섯째, 본문 주장의 환원적 수정

여섯째, 원문이나 번역문의 제시

일곱째, 책 앞에서 저자에 대한 정보나 감사의 말, 책에 관한 정보를 밝힐 때(정병기, 2008) 필요합니다.

14. 퇴고, 지우개랑 친해지자

무언가 원하는 목표와 삶을 미루지 않고, 가고 싶은 길을 걸어와서 여기까지 왔습니다. 이제 시작보다 중요한 퇴고만 잘 하면 좋은 책으로 세상에 나와 많은 독자들에게 읽혀질 것입니다.

퇴고(推敲)는 미는 것(推)과 두드리는 것(敲)으로 시문의 자구(字句)를 여러 번 고치는 것, 즉 완성된 글을 다시 읽어가며 다듬어 고치는 일을 말합니다.

예 이번에 당선된 그 작품은 무려 마흔 번이나 퇴고를 한 것이라더군.

퇴고의 유래는 다음과 같습니다.

중국 당나라 때로 거슬러 올라갑니다. 시인 가도(賈島)가 말을 타고 가

면서 시(詩)를 생각했는데, 그중에 "중이 달빛 아래서 문을 두드린다"는 시구가 있었습니다. 거기에서 '문을 민다'는 '밀 퇴(推)'를 쓸 것인가, 아니면 '문을 두드린다'의 '두드릴 고(敲)'를 쓸 것인가 고심하던 중에 당대의 문장가 한유(韓愈)를 만났다고 합니다. 그가 대뜸 한유에게 묻자 한유는 한참을 생각하다가 '두드릴 고(敲)'를 쓰는 것이 좋겠다고 말했다고 합니다. 이 일이 있은 후부터 지은 글을 고치는 것을 '퇴고(推敲)'라고 하게 되었습니다. 여기 쓰인 '퇴'는 '추'로도 읽히기 때문에 '추고'라고도 합니다(다음 백과사전).

글을 잘 쓰지 못하지만 글 잘 쓰는 법을 선생님들이 자주 묻습니다. 글을 잘 쓰는 사람은 '잘 고쳐서 쓰는 것'이 아닐까요? 그래서 퇴고의 과정이 중요합니다. 글을 쓰고 나서 최소한 세 번 이상은 읽어봐야 한다고 합니다. 글을 쓴 사람뿐 아니라 예비독자들에게도 읽힙니다. '교정위원회'를 만들어 퇴고의 과정을 거치면 좋습니다. 첫 번째 책 『사회복지직공무원으로 살아가면서 알아야 할 40가지』는 수정하는 과정을 여러 번 거치지 못해 아쉬운 점이 많습니다. 제대로 된 책을 처음 내본 작가의 게으름과 실수라 생각합니다.

글쓰기 책, 「퇴고」편을 쓰려니 글이 잘 써지지 않지만 책, 사회복지전문잡지, 칼럼을 연재하면서 깨닫고 배운 퇴고의 방법을 말씀드립니다. 책을 집필할 때 가장 좋은 구성은 일반적으로 기승전결 법칙을 따르는 것입니다. 나무부터 시작해 숲을 볼 수 있도록 하는 것이 좋습니다. 퇴고의 과정도 이와 마찬가지입니다. '나무와 숲'의 방법을 활용해 봅니다.

첫째, '나무를 바라보는 방법'은 빠진 글자, 틀린 글자(한글 프로그램에서는 빨간색 줄로 표시), 문법에 맞지 않는 부분, 일본식 표현, 영어식 표현, 과도한 접속사, 어색한 문단과 문장, 독자의 입장에서 바라봤을 때 '쉽게 쓰였는가?'입니다.

둘째, '숲을 바라보는 방법'은,

1. 글에 요점과 초점이 나타나 있는가? – 글의 주제의 정확성
2. 주제와 글쓴이의 의도를 뒷받침하는 근거가 제시되어 있는가?
   – 주장만으로는 부족하니 이때는 신문기사, 정확한 수치, 출처 등을 기재해 신빙성을 높이는 것이 좋습니다.
3. 제목은 신선하고, 흥미로운가? 독자의 마음을 사로잡을 수 있는가?
   – 글의 제목의 적정성
4. 처음부터 끝까지 일관된 원칙을 갖고 기술하였는가? 첫 글과 마지막 글이 자연스럽게 하나의 주제로 이어지는가? – 일관성 유지
5. 한 페이지에서 문단과 문단 사이에 연결이 자연스러운가?
   – 재배치와 삭제할 문장 찾아내기
6. 초두에서 한 말을 또 하고 있지 않은가? 반복되는 말을 강조라 생각하고 다시 기술하지 않았는가? – 중언부언 금지
7. 한 주제에 대하여 너무 길게 쓰지는 않았는가? 간단명료한 글인가?
   – 특별한 경우가 아닌 이상 A4용지 1페이지에서 3페이지 이내로 정리
8. 직접인용, 간접인용, 출처, 참고문헌 표시 등을 잘 하였는가?
   – 자료의 정확성, 신뢰성
9. 영어, 한자 등을 과도하게 덧붙여 설명하지 않았는가? 용어들은 풀어썼는가?
   – 쉬운 글, 읽기 쉬운 글, 과시하지 않는 글 확인
10. 자신이 쓴 글에 대하여 책임을 질 준비가 되어 있는가?
   – 원고의 책임성, 진실성, 대상자(당사자, 클라이언트)의 개인정보 보호

퇴고는 글쓰기 과정 중의 하나가 아니라, 또 다른 글쓰기 과정이라고 들 합니다. 퇴고를 여러 번 한 뒤에 소리 내어 읽어보시기 바랍니다. 죽 읽어가다 보면 '리듬'이 탁탁 막히는 구간이 있습니다. 그런 부분을 약간 수정해 주거나 변화를 주면 호흡이 매끈해집니다. 잘 읽히고 문장이 자연스러워집니다.

또한 퇴고는 1차 퇴고(글 완성 후), 2차 퇴고(한 달 후), 3차 퇴고(2주 후)의 시간을 갖는 것이 좋습니다. 글을 쓴 다음에 바로 고치려고 하면 보이지 않습니다. 시간이 허락한다면 원고를 완성하고 한 달 정도 묵혔다가 다시 보고, 또 2주 정도 묵혔다가 다시 보면 내 글의 약점과 강점이 보이기 시작합니다. 가까이서 보기도(사물처럼) 하고, 멀리서 보기도(풍경처럼) 해야 합니다. 책을 업으로 삼는 작가들은 최소한 다섯 번 이상 고친다고 합니다. 다른 사람에게도 보여주십시오. 명백한 오류는 잡아주지 못해도 이해가 안 가는 부분, 어려운 단어, 구절, 문장은 말해줄 것입니다. 퇴고는 많이 하면 할수록 좋습니다.

그렇다고 끝이 없으면 좋지 않습니다. 세상에 빛을 볼 수 없습니다. 고칠 게 없다고 생각해도 다시 읽다 보면 또 고치고 싶은 부분이 나옵니다. 그러다 보면 문장이 흔들리고 주제 자체가 일관성을 유지하기 어려울 때도 있습니다. 멈출 때를 아는 것도 현명한 지혜이니 멈출 시기가 오면 멈추시기 바랍니다.

'퇴고의 질'에 따라 '글의 질'도 바뀝니다.

글 고치기의 작업이 책을 쓰는 과정보다 고통스럽고 지난한 과정이지만 절대 소홀히 해서는 안 됩니다.

15. 머리말과 참고문헌 작성하기

1) 머리말 작성하기

머리말은 책, 논문 등의 첫머리에 그 취지나 내용의 대강을 간략하게 적어놓은 글을 말합니다. 머리말은 '프롤로그' 또는 '책을 펴내며' 등으로 이름을 붙이기도 합니다. 책을 다 쓰고 난 후 머리말을 쓰는 사람도 있지만 될 수 있으면 글쓰기를 시작하기 전에 머리말을 작성하는 것이 좋습니다. 왜냐하면 책의 방향을 가늠해 볼 수 있기 때문입니다.

첫 번째 책인 『사회복지직 공무원으로 살아가면서 알아야 할 40가지』의 머리말은 여섯 가지 주안점을 두고 작성하였습니다.

첫째, 세상에는 수많은 책이 있다. 어떤 형태로든 모두 사람을 돕고자 하는 책들일 것이다. 하지만 그 많은 책 중에 사회복지직 공무원이 하는 일을 다룬 책은 없다.

둘째, 신규 사회복지직 공무원으로 입사해서 10년 동안 사회복지공무원의 기본적인 생활과 읍면동에서, 시군구청에서 몸과 마음으로 얻은 소중한 경험을 소곤소곤 후배들에게 알려주고자 한다.

셋째, 10년 동안 지식을 쌓고 경험의 밀도를 높이는 시간들, 여러 사건들을(흩어진 구슬) 하나하나 꿰어 보배로 만들고자 한다.

넷째, 우리 대학의 커리큘럼에서 말할 수 없는, 우리 모두가 필요하다고 말하지만 직접 글로는 만나지 못하는 것들을 담고자 한다.

다섯째, 대형서점, 동네서점에서 사회복지 관련 서적을 찾고자 해도 찾을 수 없고, 찾았다 해도 대학전공도서(사회복지개론 등)와 사회복지사1급 국가고시 수험서만 있는 우리의 현주소를 말해보고자 한다.

여섯째, 책을 만드는 데 정서적·지적으로, 추천사로 도움을 주신 분들의 감사함을 담고자 한다.

여섯 가지의 내용을 포괄할 수 있는 내용과 독자들이 머리말을 보고 이 책을 선택해 읽어볼 수 있도록 하는 두 페이지는 오랜 시간을 두고 작성하였습니다.

〈사회복지직 공무원으로 살아가면서 알아야 할 40가지〉

인간의 몸을 구성하는 체세포는 십 년간 가만히 있는 것이 아니라 끊임없이 세포분열을 하며 수명이 다한 세포는 소멸하고 그 자리를 새로운 세포가 대체한다고 합니다. 2004년 4월 1일 사회복지직공무원으로 생활을 시작한 지………… 하루 24시간, 일주일 168시간, 한 달, 1년 그리고 5년, 10년………… 십 년 사이 몸의 세포가 다 변해버렸습니다.

십 년 동안 다양한 지식을 쌓고 경험의 밀도를 높이는 시간을 가졌으나 생각나는 것들이 없다는 것을 알았습니다. '지금부터라도 흩어진 서 말이나 되는 구슬을 하나하나 꿰어 보배로 만들어야지'라는 생각을 하였습니다.

우리 대학의 커리큘럼에서는 말할 수 없는, 우리 모두가 필요하다고 말하지만 직접 글로는 만나보지 못한 것들을 글로 남기는 작업을 하기로 한 것입니다.

공공사회복지현장에서 땀과 열정을, 경험을 잉크삼아 사회복지공무원의 기본적인 생활과 읍·면·동에서, 시·군·구청에서 몸과 마음으로 얻어진 소중한 체득을 통해 사회복지직 공무원으로 신나게 일할 수 있는 자기관리기법까지 귓속말처럼 소곤소곤 차근차근 알려주듯이 썼습니다.

제11대 한국사회복지행정연구회 회장 선수경 선배님의 말씀처럼 미래의 후배들이 한 번은 꼭 봐야 할 바이블로 자리매김할 수 있는 책이 되었으면 합니다.

사회복지공무원이라면 자신이 담당하는 일에 관하여 주제를 정하고 관련한 글을 읽고 쓰고 모으는 작업, 즉 직무글쓰기를 해보시길 권합니다. 기록하지 않은 것은 모두 사라집니다. 무엇보다 좋은 것은 글쓰기를 통해 자신이 성장해 가는 느낌을 가지실 수 있다는 것입니다.

'살아지는 삶'보다 '살아내는 삶'이 많아지기를 바랍니다.

아울러 공공사회복지사들의 글쓰기 과정을 만들어 주신 한국보건인력개발원, '복서원' 과정을 기획하고 지원해 주신 김은옥 과장님, 임수미 연구원님, 깊은 지식과 '사람다움', '사회다움'을 가르쳐 주신 김조년 교수님, 허승민 교수님, 김세진 선생님께 깊은 감사를 드립니다.

2014년 10월
공무원사회복지사 심윤무

머리말은 책을 쓰는 목적과 내용을 요약하고 있기 때문에 독자들이 가장 많이 보는 부분이라 할 수 있습니다. 따라서 머리말에서는 책을 쓰게 된 목적을 명료하게 언급하는 것이 좋습니다. 머리말은 책의 첫인상을 결정하기 때문입니다.

2) 참고문헌 작성하기

참고문헌이란 조사나 연구 따위의 참고자료로 삼는 서적이나 문서를 말합니다. 참고문헌은 본문에 인용 또는 언급된 것으로 제한합니다. 먼저 한국어 문헌을 저자명의 '가나다' 순으로 표기하고, 다음으로 동양어 문헌을, 마지막으로 서양어 문헌을 알파벳순으로 표기합니다. 단, 일본어 및 중국어 저자명은 괄호 안에 영문 또는 한글 표기를 합니다.

참고문헌의 표기방법은 다음과 같습니다.

첫째, 같은 저자의 저술을 두 편 이상 제시할 때는 출판연도 순으로 나열합니다.

둘째, 같은 저자의 저술로서 같은 연도에 출판된 것이 두 편 이상일 때는 제목의 가나다 또는 알파벳순으로 나열하되, 출판연도에 a, b, c……를 부기하여 구별하도록 합니다.

셋째, 저자가 2인 이상일 때는 모든 저자의 이름을 기재합니다. 외국인(서양인) 저자의 경우 첫 번째 저자는 성(last name), 이름(first name)순으로(예 Hong, Kil Dong), 두 번째 이하의 저자들은 이름(first name), 성(last name)순으로(예 Kil Dong Hong) 표기합니다.

넷째, 학술대회의 발표논문은 학술대회의 명칭, 발표장소, 날짜를 기재합니다.

다섯째, 출간예정인 저술은 '출간예정(forthcoming)'을 미간행 저술은 '미간행(unpublished)'을 기재합니다.

여섯째, 참고문헌 기재의 구체적인 예는 다음과 같습니다.

* 참고문헌 표기 시 한 문헌이 2줄 이상 차지할 경우, 2번째 줄이 자동적으로 5칸(한글로 두 자 반) 들어가서 시작되도록 하기 위해서는 다음과 같이 문단모양을 설정하고 문서를 작성하는 것이 편리합니다(블록설정 → 모양 → 문단모양 → 내어 쓰기 → 25p → 설정).

* 참고문헌에서 『 』를 기술하는 방법은, 입력 → 문자표 → 한글(HNC)문자표 → 반각기호(도형) → 『 또는 』를 선택합니다. 이렇게 반각기호를 이용하면 『 』 다음에 바로 글자를 기술할 수 있습니다.

(1) 서적

심윤무. 2014a. 『다시 쓰는 사회복지학개론』. 21세기사.

심윤무. 2014b. 『사회복지직 공무원으로 살아가면서 알아야 할 40가지』. 공동체.

심윤무. 2014c. 『아동수학교육』. 공동체.

채구묵. 2004. 『사회과학통계분석』. 양서원.

Esping-Andersen, Gosta. 1990. *The Three Worlds of Welfare Capitalism. New Jersey*. Princeton University Press.

(2) 학술지, 학위논문, 보고서, 인터넷문서, 신문

채구묵. 2005. "가족복지정책과 출산율". 『사회복지정책』 57(3) : 337-361.

김진구. 1999. "한국 노동복지제도의 분배효과 : 1986-1995년 기간의 국민연금, 산재보험, 최저임금, 기업복지를 중심으로". 서울대학교 사회복지학과 박사학위 논문(미간행).

박병현. "중앙정부와 지방정부의 복지정책 과제". 『지방분권화 시대의 참여복지정책』. 한국사회복지정책학회 2003년 춘계학술대회 자료집(부산, 2003.5.30.). pp.30-44.

보건복지부. 2016. "2016년 국민기초생활보장사업안내". http://www.mohw.go.kr.

한계레. 2002. "소득격차 급속악화." 2002년 4월 26일자.

Mason, Marry Ann. 1992. "Standing Still in the Workplace; Women in Social Work and Other Female-Dominated Occupations". *Journal of Women and Social Work* 7(3) : 23-43.

Hong, Kil Dong. 2000. "Schooling and Employment of Married Women in Korea Unpublished Ph. D. Dissertation, University of Michigan.

Stephens, John D. and Francis G. Castles. 2004. "The Scandinavian Welfare……" Working Paper of ILO, Geneva.

(3) 번역서

엘러 피서르 · 안톤 헤이머레이크(Jelle Visser and Anton Hemerijck). 2003. 『네덜란드의 기적』. 최남호 · 최연우 역. 도서출판 따님.(1999. A Dutch Miracle. Amsterdam University Press).

오딜 벤왓길보트 · 던컨 갈리 편(Odile Benoit-Guilbot and Duncan Gallie(eds.)). 2003. "프랑스의 장기실업". 김시원 · 김철수 역. 『장기실업』. 한울. pp. 35-64. (1994. *Long-Term Unemployment*. New York : St. Martin's Press Inc.

16. 추천사 받기

추천서문(推薦序文)은 책이나 문학 작품의 시작 부분이나 다른 부분에서 서언(序言 또는 緖言) 이전에 쓰였던 글의 부분입니다. 추천사(推薦詞)라고도 하며, 보통 저자 이외의 다른 사람에 의해 쓰입니다. 반대로, 서문(序文)은 작품의 저자에 의해 쓰여지며, 때때로 이들 용어는 서로 혼용되어 사용되기도 합니다(위키백과사전).

읽을 책을 고르기 위해서는 온라인 서점이나 오프라인 서점을 방문합니다. 먼저 표지를 보고, 그다음 저자 약력을 읽고 마지막으로 뒤표지를 봅니다. 뒤표지는 대개 그림 또는 추천사가 실리거나 머리말의 일부, 본문의 일부를 싣습니다. 추천사는 저명인사가 쓰기도 하고, 저자의 지도교수가 씁니다. 추천사는 미리 보는 독자의 리뷰로, 리뷰가 좋고 유명한 사람의 추천사가 실린다면 구매 욕구를 불러일으킬 것입니다.

추천사가 꼭 있어야 하는 것은 아닙니다. 추천사를 받을 대상이 없거나 저자가 저명한 인사이면 명성이 있기에 굳이 추천사를 받을 필요가 없습니다. 하지만 추천사를 받아야 한다면, 첫째 원고를 읽지 않고 추천사를 써주는 일이 없도록 해야 합니다. 둘째 추천사는 '사람'을 추천하는 글이 아니라는 것을 당부하면서 꼭 '책'에 관한 내용을 써줄 것을 부탁합니다.

추천사는 정중하게 전화로 먼저 부탁드리고, 자세한 내용은 전자메일로 부탁하는 것이 좋습니다. 추천사를 부탁하는 이메일의 내용은 대체로 이렇습니다.

『추천사 부탁 글』 <심윤무>

제목 : 추천사 부탁드립니다.
<최고의 작가는 굳은 의지를 가진 작가>

'책을 써야겠다고 결심했을 때 이를 달성하는 사람은 '자신과의 약속을 지켜내는 사람'입니다. 자신과의 약속을 지키지 못하는 사람은 절대로 책 한 권을 끝까지 써낼 수 없습니다. 예를 들어 '일요일 오전만큼은 집필 활동에 전념하겠다'고 결심했다면 이는 자신과의 약속이므로 어떤 일이 있더라도 지켜야 합니다.

시간을 활용하는 일에 서툰 사람일수록 매 순간 시간이 없다는 변명을 늘어놓습니다. 반대로 시간을 제대로 활용하는 사람은 그런 식의 변명은 하지 않습니다.
장소란 오롯이 혼자 있을 수 있는 물리적인 공간이며 시간이란 다른 사람들로부터 방해받지 않는 황금시간대입니다.

- 요시다

요시다 선생님의 글을 읽고 글쓰기를 시작했습니다. 책 제목은 『사회복지사가 꼭 알아야 할 글쓰기 비법 50가지』입니다. 출근해서 출장보고서를 쓰고, 근무하는 내내 글쓰기하고, 퇴근하고, 초과근무를 다는 일까지 모두가 글쓰기이고, 이러한 일련의 작업들을 힘들어하거나, 불편해하는 사회복지사가 있어 감히 책을 내놓기로 했습니다. 부족합니다. 밀도 높은 선배님들의 경험에 비해 미천한 제가 두 번째 책을 내려하니 조심스럽기도 합니다.

하지만 기록만이 우리 조직과 개인의 발전으로 이어질 수 있다고 생각했습니다.

존경하는 교수님, 선배님의 추천을 받고자 합니다. 바쁘시더라도 책을 꼼꼼히 읽어주시길 바랍니다. 추천사를 수락해 주심에 깊은 감사를 드립니다.

- 사회복지사 심윤무 드림(dream)

『추천사 회신 글』 <선수경>

어제 하루 자리를 비웠을 뿐인데 연휴가 길어서인지 온 종일 정신이 없네.
신규 사회복지직 면접을 보기 위해 다녀왔어.
오전엔 내부 사례회의 오후엔 면접 준비 그 이후에 결재 몇 개 하고
지역사회복지 분과회의 다녀오니 퇴근시간......

오전에 보내주겠노라 약속한 추천사 이제 보내. 사실 지난 연휴 전에 써놓긴 했었는데 영...... 조금 다듬긴 했는데 아니한 만 못하다는 얘기나 듣지 않을까 조심스럽네.

항상 새로움을 위해 노력하는 심윤무가 너무 부럽고 자랑스럽네.

졸필이지만 살아 숨 쉬는 책에 추천사로 쓰인다면 내가 오히려 영광이지.

출간 다시 한 번 축하드리고 늘 건강하고 행복한 사회복지사 심윤무로 기억되길 바랍니다.

추천사를 받아야 할지 말지를 고민하고 있는 글쓰기 선생님들에게 선수경, 조만선, 김진학, 정의필 선생님 그리고 채구묵 · 하승민 교수님의 추천사를 소개하고자 합니다.

1) 선수경 제11대 한국사회복지행정연구회장, 사회복지학 박사

신이 인간에게 준 글을 통해 자신의 의사를 표현하는 도구가 되기도 하고 또 그것이 삶의 지혜가 되고 결국 하나의 학문으로 발전되기도 합니다.
"펜이 칼이 이긴다"는 말처럼 펜에서 나오는 글은 그 어떤 것보다 강력한 힘이 됩니다.
심윤무 박사의 글에서는 친근감이 느껴집니다.

글을 썼다고 표현하기보다는 삶의 체험을 녹여 쓴 사람 냄새 나는 글이기 때문이랄까요. 굳이 음식으로 표현을 하면 오랜 기간 발효 숙성된 진한 맛을 내는 진한 된장찌개가 떠오릅니다.

너무 많은 미사여구나 화려한 문체가 아닌 또 가식적이지도 않고 과장이라고 할 만큼의 화학적 조미료가 가미되지 않은 깊은 맛을 가진 된장찌개 같은......

제가 아는 심윤무 박사는 현장의 사회복지사로서의 자긍심과 긍정의 마인드, 늘 고민하고 연구하는...... 그리고 새로움을 향해 도전하는 그래서 칼칼하면서도 구수한 그런 맛을 지닌 진한 된장국 같은 글이라 생각합니다.

그래서인지 사회복지현장에서 근무하는 사람이면 누구나 편히 접하고 공감하고 또 고개를 끄덕이게 하는 마음을 끄는 마술 같은 힘이 있는 글 입니다.

하지만 이 글들은 하루아침에 이루어진 것이 아니라 13년간 사회복지현장에서 틈틈이 메모하는 습관을 통해 "왜?"라고 하는 문제의식을 가지고 복지의 가치철학을 가지고 실천하는 사회복지사이기에 가능한 글이 아닐까 생각해 봅니다.

미국의 32대 루즈벨트 대통령은 "어떤 결정을 내릴 때 가장 좋은 선택은 옳은 것을 하는 것이고, 그 다음 좋은 선택은 잘못된 일을 하는 것이며 가장 안 좋은 선택은 아무것도 하지 않는 것이다"라고 말했습니다.

나도 할 수 있고, 잘 쓸 수 있을 것 같다는 생각은 어쩌면 어떤 선택도 하지 못하고 고민하는 나 자신의 모습은 아닐까요?

『사회복지직 공무원으로 살아가면서 알아야 할 40가지』에 이어 『사회복지사의 글쓰기, 365일』 역시 현장에서의 시행착오를 최소화하기 위한 가이드북이라 확신합니다.

부디 이 책이 현장의 사회복지사들이 땀으로 엮은 경험들을 모아 더 많은 우리들의 삶을 재조명하는 새로운 글들로 거듭날 수 있는……

잠재된 우리들의 글쓰기 영감을 자극하는 마술과 같은 책이 될 것이라는 확신을 가지고 추천합니다.

2) **조만선** 산청군청 기초생활팀장 『사회복지공무원을 소개합니다』 저자

심윤무 박사님의 두 번째 신작!
복지전문가라면 반드시 알아야 할 고품격 글쓰기 비법!
'씨줄 <사회복지학자>'와 '날줄 <사회복지 실천가>'의 아름다운 조화로
세상을 바꾸는 글쓰기 秘法을 알려준다.

3) **김진학** 사회복지학박사 · 서울특별시 강서구 가양2동장

사랑하는 심윤무 후배가 지난 10년간 사회복지전담공무원으로 근무하면서 느끼고, 경험하고, 생각하였던 일들을 정리한 ≪사회복지직 공무원으로 살아가면서 알아야

할 40가지≫ 책에 이어 ≪사회복지사의 글쓰기 365일≫라는 제목으로 두 번째 책을 출간하였다.

사회복지사들이 출근해서 출장보고서를 달고 근무하는 내내 글쓰기를 하고 퇴근하고 초과근무서 작성까지 거의 모든 업무가 글쓰기로 이루어지고 있는데, 이런 글쓰기의 작업들을 힘들어하거나 불편해하고 있는 사회복지사들을 위해 바쁜 근무 중에도 틈틈이 글을 써서 이번에 책을 내놓기까지의 열정에 감탄합니다.

책 내용을 보면 나는 사회복지사다, 사회복지사의 책무 글쓰기, 글쓰기의 용도, 전략적 글쓰기, 사회복지대학원 학위논문 글쓰기, 현장에서 직접 활용하는 글쓰기 사례, 글쓰기를 통해 책의 저자가 되어보자 등 총 7장으로 나누어 사회복지사가 글쓰기를 하는 데 있어 반드시 알아야 할 비법들에 대해 잘 정리가 되어 있다.

≪사회복지사의 글쓰기 365일≫을 통해 사회복지사들이 글쓰기를 통해 힘차게 일할 수 있는 동기부여의 기회를 갖게 하고 더 나아가 조직과 개인의 발전을 응원하기 위한 위한 책으로서 사회복지사들이 글을 쓰는 데 반드시 꼭 읽어보아야 할 책이라 본다.

저자인 심유무 박사는 2004년부터 사회복지직 공무원으로 임용되어 그동안 사회복지사로서 사회복지전담공무원으로서 사명감을 갖고 열정적으로 일을 하는 훌륭한 후배이다.

열정적으로 근무하면서 더 많은 사회복지사를 위해 글쓰기 비법을 전수하는 심윤무 박사께서 대한민국의 사회복지발전을 위해 더 많은 역할을 하리라 기대하며 앞날에 무궁한 영광이 함께하길 기원합니다.

4) 정의필 한국문인협회 시인

우리 사는 세상 결코 만만한 곳은 아니다. 달이 뜨면 구름이 끼고 꽃이 피면 바람이 분다. 사람은 품성(品性)이 생명이요. 건강이 자산이다. 뭐니 뭐니 해도 우선 내가 건강해야 한다. 건강은 백사(百事)를 이루는 근본이요 만복의 자원이다.
세상은 빛 좋은 개살구같이 보이지 않는 뒷면에는 마치 초원의 광야에서 펼쳐지는 스릴 넘치는 맹수들의 숨 막히는 사냥현장과 별로 다르지 않다. 쫓고 쫓기는 끝없는 경쟁의 연속이다. 여기서 살아남기 위해서는 남보다 힘이 세든지, 창공을 날 수 있는 날개가 있든지, 도끼를 갈아서 바늘을 만드는 비장한 신념과 불굴의 노력이 있어야 한다.

여기에 사회복지사로서 열심히 살아가는 사회복지학박사 심윤무님께서 오랜 실무경험과 이론을 접목해 조화를 이룬 양서가 눈길을 끌어 사회복지사의 꿈을 키우는 후배들에게 이 책을 만나는 행운이 있기를 바라면서 꼭 권하고 싶은 책이다.

심 박사는 언제나 '네가 있기에 내가 존재한다는 만고의 진리를 되뇌며 자연의 법칙에 순응하며 서로 조화를 이룰 때만이 행복할 수 있다'라고 말한다.

오직 사회복지사의 미래를 바라보면서 더 큰 꿈을 가지고 12년간 사회적 약자와의 관계 속에서 낮은 자세로 부딪힌 일들을 섬세하게 메모해 온 일기장이 이 책을 만드는 데 크게 도움이 된 흔적이 아주 돋보인다.

한 권의 책을 만든다는 것은 참으로 외로운 몸부림이다. 다독(多讀), 다사(多思), 다작(多作), 첨삭(添削), 퇴고(推敲)의 되풀이로 다듬어서 세상에 내놓기 때문이다. 아직도 포장되지 않고 좁고 험난한 이 길을 외로이 걸어가는 후배들에게 나로 하여금 지름길이 되어줄 수만 있다면 하는 사랑의 마음에 가슴이 찡해온다.

이 책에는 궁금한 이야기가 가득 수록되어 있다. 사랑이 움직이는 현장이다. 소망을 이루는 지침서이다. 읽으면 읽을수록 맑아지는 옹달샘 같은 멋진 양서라고 굳은 믿음으로 추천하는 바이다.

5) 채구묵 前) 원광대학교 사회복지학 전공교수, 現) 금강대학교 사회복지학전공 초빙교수

자기의 생각, 지식, 사상을 전달하는 방법에는 말과 글이 있다. 그래서 글쓰기는 그만큼 중요하다. 좋은 문장 하나가 다른 사람의 인생을 바꾸는 경우가 많다. 그런데 좋은 글은 삶이 바탕이 되어야 한다. 이 책은 현실에 안주하지 않고 고뇌하며 도약에 대한 몸부림으로 살아온 한 사회복지사가 쓴 글이라 사회복지에 종사하는 사람들에게 많

은 공감, 자기반성, 용기, 지식, 지혜를 전해주고 있다. 특히 사회복지사로서의 삶의 자세, 글쓰기가 필요한 이유, 글쓰기 방법, 학위논문 쓰기 방법 등을 자세히 기술하고 있어 삶의 자세와 글쓰기를 한꺼번에 배울 수 있는 저서이다.

6) 하승민 우석대학교 아동복지학과 전공교수

자신의 삶과 열정을, 경험을 잉크삼아 ≪사회복지사의 글쓰기, 365일≫이라는 책을 세상에 내놓게 된 것을 축하드립니다. 사회복지사는 직업적인 윤리와 자부심을 가지고 살아갑니다. 또한 기록도 해야 할 의무가 있습니다.

사회복지사의 글쓰기가 중요한 이유는 사회복지현장에서 실천하고, 기록하고, 다시 적용하고, 그렇게 우리 하는 일을 성찰하며, 우리 지역사회와 우리 현장을 보다 인간적인 곳으로 일구어 나가는 데 꼭 필요한 실천도구이기 때문입니다.

공부는 평범한 사람을 위대하게 만드는 길입니다. '위대한 평민'으로 살고자 한다면 공부하고 기록해야 합니다. 이 책에는 위대한 평민으로 살고자 하는 심윤무 사회복지사의 사람다움과 사회다움을 생각하며 일한 과정이 고스란히 드러나 있습니다.

글쓰기를 시작해 보거나 나의 경험을 책으로 출간하고 싶은 사회복지사가 있다면 반드시 읽어봐야 할 책입니다. 글쓰기 방법과 자기 책을 만드는 방법까지 귓속말처럼 소곤소곤 차근차근 알려주고 있습니다.

좋은 추천사를 받았다면 감사한 마음을 담아 책과 함께 끝인사를 꼭 하시길 바랍니다. 책을 출간하기 위해 시간을 내어 도움을 줬는데, 책 출간 후 연락도 없다면 서운한 마음이 들지도 모릅니다.

17. 표지문구 쓰기

원고를 다 쓰고 나서 해야 할 일이 있습니다. 책 표지의 앞날개에 들어갈 내용을 쓰는 것입니다. 책 제목을 보고, 저자 이름과 출판사를 보고, 다음에는 페이지를 넘기고 보는 부분이 바로 책날개입니다.

심윤무(沈允茂)

심윤무는 사회복지학 박사로 우석대학교 아동복지학과, 서울시립대학교 사회복지학 석사, 원광대학교 사회복지학과 박사과정을 졸업하였다.

2004년 공직에 입문하여 서울특별시, 충청남도 사회복지직 공무원으로 대도시와 중소도시를 두루 거쳤고, 한국사회복지행정연구회 정책개발팀장, 제32회 새내기사회복지 수상자 등 특이한 이력을 지녔다.

배움을 살리고, 이론과 현장의 간격을 줄이고자 우송대학교 의료사회복지학과, 사회복지아동학부 겸임교수로 강의도 했다.

저서로는 「유아수학교육, 공동체」, 「다시 쓰는 사회복지개론, 21세기사」가 있고, 박사학위논문으로는 '비취업대상 조건부 수급자의 탈수급 의사결정 과정에 관한 근거이론 연구' 질적연구가 있다.

10년 동안 사회복지학을 공부한 공공전달체계 사회복지전문가로서 '사람다움', '사회다움'의 복지를 실천하기 위해 실천현장에서 고군분투 중이다.

사회복지직 공무원으로 살아가면서 알아야 할 40가지 표지문구

심윤무(沈允茂)

심윤무는 사회복지학 박사로 우석대학교 아동복지학과, 서울시립대학교 사회복지학 석사, 원광대학교 사회복지학과 박사과정을 졸업하였다.

2004년 공직에 입문하여 서울특별시, 충청남도 사회복지직 공무원으로 대도시와 중소도시를 두루 거쳤고, 한국사회복지행정연구회 정책개발팀장, 제32회 새내기사회복지 수상자 등 특이한 이력을 지녔다.

배움을 살리고, 이론과 현장의 간격을 줄이고자 우송대학교 의료사회복지학과, 사회복지아동학부 겸임교수로 강의도 했다.

저서로는 「유아수학교육, 공동체」, 「다시 쓰는 사회복지개론, 21세기사」 등이 있고, 박사학위논문으로는 '비취업대상 조건부 수급자의 탈수급 의사결정에 관한 근거이론'이 있다.

10년 동안 사회복지학을 공부한 공공전달체계 사회복지전문가로서 '사람다움', '사회다움'의 복지를 실천하기 위해 실천현장에서 고군분투 중이다.

표지 문구를 쓰는 유형도 다양합니다.

첫째, 출생연도로 시작해서 학교, 저서, 수상 등을 기술합니다.

정호승

1950년 대구에서 태어나 경희대 국문과와 같은 대학원을 졸업했다. 1972년 한국일보 신춘문예에 동시, 1973년 대한일보 신춘문예 시...... (중략) 시집 『슬픔이 기쁨에게』, 『서울의 예수』 ...... (중략) 시선집, 산문집 등이 있다. 제3회 소월시 문학상, 제10회 동석문학상, 제12회 정지용문학상, 제11회 편운문학상 등을 수상했다.

- 『내 인생에 힘이 되어준 한마디』

둘째, 책의 전공을 살렸다는 느낌을 주는 ○○학 전공으로 시작합니다.

프랑수아 를로르

꾸뻬는 파리에서 가장 바쁜 정신과 의사이다. 그의 진료실에는 늘 사람들이 북적대는데, 그 이유는 '시간'에 관한 고민 때문이다.

- 『꾸뻬 씨의 시간 여행』

김지영

대학에서 품위 있게 심리학을 전공하다 우연히 광고 동아리에 들어간 게 화근이었다. 남들은 설명을 해도 잘 모르는 영화사에서, 역시 설명해도 잘 모르는 광고대행에서 AE로 일하다가, 최고의 독립광고대행사 TBWA KOREA에 들어갔다. 올해로 18년차 광고장이이자, 업계에서 벌벌 떠는(그랬으면 좋겠다) 미녀 매체국장(이라 쓰고, 마녀라 읽는다)이다.

-『웬만해선 그녀의 컴플레인을 막을 수 없다』

셋째, 경력으로 시작해서 하고 싶은 말을 합니다(홈페이지, 메일 공개 포함).

허지웅
영화주간지『필름2.0』과『프리미어』, 월간지『GQ』에서 기자로 일했다. 에세이『대한민국 표류기』와 소설『개포동 김갑수 씨의 사정』, 60년대~80년대 한국공포영화를 다룬『망령의 기억』을 썼다. 신문과 잡지에 시사, 영화에 관련한 칼럼을 연재해왔다. 방송에 종종 불려 나가고 있지만 글을 쓰지 않으면 건달에 불과하다.

- 블로그 ozzyz.tumblr.com
- 트위터 @ozzyzzz
- 페이스북 www.facebook.com/ozzyzzz

문미숙

- 1982년생, 대구출생
- 2005년 대구가톨릭사회복지회 입사
  (구미& 안심종합사회복지관)
- 2014년 이직 금오종합사회복지관 근무 중

누군가의 변화는 강압, 혁명보다는
상대를 소중히 여길 때 일어난다고 합니다.
상대를 소중히 여기며 변화해 가야 합니다.
서로를 소중히 여길 때 자연히
감동이 따른다고 생각합니다.
사회복지실천현장에
감동이 넘쳤으면 좋겠습니다.
감동 있는 사회복지를 실천하고 싶습니다.

넷째, 이름 정도만 소개하고 신념으로 삼고 있는 글을 쓴다.

글 배우(김동혁) 27세. 대학생 시인

누군가를 위로할 수 있다는 것에 자격도 조건도 없으니 다행이라고 말하는 대학생 시인. 자신에게 하고 싶은 이야기를 하나둘씩 적어가다 보니 다른 이의 고민도 함께 나누고 위로하게 되었다. '오늘 하루의 결과로 자신을 탓하지 말자. 대신 수고했다고 안아주자'라고 말하는 시인. '지금이 소중하다'는 자신의 결론을 자신만의 방식으로 이야기하려고 한다.

책날개에 해당하는 표지문구에는 저자약력, 책을 쓴 배경 등을 넣어 독자들이 책에 대해, 저자에 대해 궁금증을 유발하도록 하는 것이 좋습니다.

18. 투고하기

투고(投稿)란 원고 의뢰를 받지 않은 사람이 신문사나, 잡지사, 출판사 따위에 원고를 써서 직접 보내는 것을 말합니다. 처음 글을 쓰기 시작한 후 책 집필 계획하기, 책 제목 짓기, 목차 구성하기, 글쓰기 환경 갖추기, 글쓰기 중단의 유혹 이겨내기, 인용과 주석표시, 추천사 받기, 표지문구 쓰기 등 글쓰기 프로세스를 잘 진행했고 드디어 완성된 글을 출판사에 투고할 시기가 왔습니다.

책에 대한 전체적인 소개 및 향후 방안에 대한 계획과 전략을 담은 출간기획서와 샘플원고를 작성하고 출간프로세스 네 가지를 준비해야 합니다.

첫째, 출판사 전화번호와 이메일을 확보합니다.

출판사의 전화번호와 이메일은 인터넷 서점이나 온라인 서점(출간된 책의 판권 면)에서 확보할 수 있고, 블로그, 카페, 밴드, 트위터 등 공개되어 있는 커뮤니티 사이트를 통해서도 정보를 얻을 수 있습니다.

둘째, 관련 분야의 책이 나온 출판사를 정리합니다.

인터넷 서점 '통합검색란'에 자신이 출판하고자 하는 책을 검색하거나, 오프라인 서점에 가서 관련 분야의 책이 있는 코너를 통해 출판사를 알아내고 메모장에 따로 정리합니다. 사회복지 관련 분야의 출판사로는 양서원, 정민사, 학현사, 공동체, 나눔의 집, 푸른복지, 21세기사, 창지사, 우물이 있는 집이 있습니다.

셋째, 투고리스트를 만들고 출판사에 60군데 이상 보냅니다.

저자가 되는 길은 쉽지 않습니다. 투고 리스트를 작성(엑셀파일로 정리)한 후 우선순위를 정하여 리스트에서 가장 마음에 드는 출판사 몇 곳을 선택하여 먼저 보냅니다. 무조건 대형 출판사라고 해서 좋은 출판사는 아니니 꼼꼼하게 따져보고 검토해 본 다음 출판사를 선택합니다.

투고 시 주의해야 할 사항 세 가지는,

1. 각 출판사에서 제공하는 출간기획서 양식에 맞게 보내야 합니다.

해당 출판사에서 배포하는 '출간기획서 양식'을 활용하여야 합니다. 꼭 그렇게 해야 합니다. 자신이 작성해 놓은 출간기획서[6]가 있다면 수정해서 해당 출판사 양식에 맞게 보냅니다. 그게 예의이고 정성입니다. 정성이 담긴 글과 작품이 눈에 띕니다. 특히 출판기획안에서 구성안(목차)이 포인트입니다. 콘셉트를 구체화하는 것은 목차이기 때문입니다.

---

6) 출판기획서, 출간계획서, 출판계획서, Book Plan 등 여러 가지 용어로 쓰인다. 자신의 책을 출간하기 위한 계획서, 즉 책에 대한 전체적인 소개 및 향후 방향에 대한 계획과 전략이 담긴 보고서이다.

2. 샘플원고 작성 시 배려가 필요합니다.

완성된 원고가 있으면 좋겠지만 최소한 목차의 70%는 써야 하고, 보기 편한 글씨(바탕체 또는 굴림체, 11포인트, 자간 180%)로 페이지 번호를 매겨 쓰면 좋습니다. 작가의 작은 배려가 편집자와 출판사에게 신뢰와 감동으로 다가옵니다.

3. 이메일로 발송할 경우 꼭 각각 다른 메일로 발송하여야 합니다.

출간기획서와 샘플원고를 보낼 때, 각각 다른 파일로 보내도 좋고 출간기획서 파일 내에 붙임문서의 형태로 함께 보내는 것도 좋습니다. 단, 주의해야 할 점은 이메일 발송 시 해당 출판사에만 관심이 있다는 인상을 심어주기 위해 한 출판사의 이메일 주소만 씩어서 보냅니다. 또한 출간기획서가 바뀌는 일이 없도록 주의를 기울여야 합니다. '가나다' 출판사의 기획서가 '라마바' 출판사에 들어가는 일이 없도록 해야 합니다.

출판기획안

<table>
<tr><td>소 속</td><td></td><td>담 당</td><td></td><td>팀 장</td><td></td><td>기획일자</td><td></td></tr>
<tr><td>가 제</td><td colspan="7"></td></tr>
<tr><td>예상저자</td><td colspan="7"></td></tr>
<tr><td>기획의도</td><td colspan="7"></td></tr>
<tr><td>컨 셉</td><td colspan="7"></td></tr>
<tr><td>분 야</td><td colspan="7"></td></tr>
<tr><td rowspan="2">독자층</td><td colspan="3">핵심독자</td><td colspan="4">확산독자</td></tr>
<tr><td colspan="3"></td><td colspan="4"></td></tr>
<tr><td rowspan="2">예상사양</td><td>면 수</td><td>판 형</td><td colspan="2">제 본</td><td colspan="2">본 문</td><td>가 격</td></tr>
<tr><td></td><td></td><td colspan="2"></td><td colspan="2"></td><td></td></tr>
<tr><td>구성안</td><td colspan="7"></td></tr>
<tr><td>유사도서</td><td colspan="7"></td></tr>
<tr><td>차별성</td><td colspan="7"></td></tr>
<tr><td>시장성</td><td colspan="7"></td></tr>
</table>

출처 : 박세경. 제2회 복서원 사회복지글쓰기과정.

넷째, 한 번만 성공하면 그전의 실패는 추억에 불과하니 기다립니다.

투고를 했다면 이제는 기다림의 시간이 필요합니다. 빠르면 며칠, 일주일, 늦으면 수개월이 걸릴 수도 있습니다. 첫 번째 책 『사회복지직 공무원으로 살아가면서 알아야 할 40가지』를 투고한 후, 먹을 때도 책 생각, 일하면서도 책 생각, 운동하면서도 책 생각, 자면서도 책 생각이 났습니다. 그만큼 내 책이 출간되기를 간절히 바랐습니다.

그러나 희망이 도전으로 바뀌고 난 후 그 도전은 '희망고문'이었다는 것을 깨달았습니다. 많이 바쁘거나 관심이 없는 출판사에서는 아예 투고 메일에 대한 회신 답변을 주지도 않았습니다. 그리고 거의 대부분은 거절, 거절, 또 거절 'REJECTED' 메일의 연속이었습니다.

거절을 아름답게 받아들일 용기가 필요하다.

거절메일 ❶

OOO 선생님

보내주신 원고 감사합니다.
하지만 기획방향과 분야가 저희와 맞지 않아
저희 출판사에서는 출판하기 어려울 듯합니다.
오래 기다려 주셨는데, 좋은 결과를 드리지 못해 죄송합니다.

거절메일 2

작가님의 원고와 기획서를 모두 검토했으나 저희 출판사의 기획방향과 분야가 달라 출간하지 못할 것 같습니다. 저희 출판사에 투고해 주셔서 감사합니다.

거절메일 3
동료 선생님(소설)의 투고 메일 사례(좋은 피드백을 준 곳)

먼저 작품 검토기간이 너무 오래 걸려 죄송합니다.
작가님께서 투고하신 <내가 ○○ 곳> 검토가 끝이 나 연락을 드렸습니다.
내부 검토 결과 작가님의 문장력이 좋고, 인물의 감정 묘사가 풍부하여 몰입도가 좋아 매우 흥미로웠습니다.

다만, 저희가 장르소설 출판사여서 작가님 작품과 출판사의 색깔이 다소 맞지 않는 것 같아 출간하기는 어려울 것 같습니다.

오랫동안 기다리게 해드리기만 하고 좋은 결과를 알려드리지 못해 대단히 죄송합니다.

혹 해당 작품에서 로맨스 요소를 새로이 추가하여 다시 한 번 투고를 부탁드려도 괜찮을까요?

내부에서 작가님 작품에 대한 로맨스 요소가 가미된다면 좋을 것 같다는 의견이 있어 말씀드립니다. 감사합니다.

거절당하더라도 실망하지 말고 엑셀파일에 어느 출판사에서 어떤 내용이 회신되었는지 반드시 정리해 두시길 바랍니다. 다음 투고 시 도움이 됩니다. 게다가 내 글에 좋은 피드백을 준 곳이 있다면, 시간이 지난 뒤 원고와 출간기획서를 확실하게 다듬고 난 뒤 재투고를 고려해 보십시오.

허공에 마른 웃음만 날렸던 시간이 지나고 또 지나면 책을 출간하는 순간이 찾아옵니다. 글 쓰는 사람의 최종목표는 책 출간이므로 거절당하고 반려당해도 계속해서 도전하시길 바랍니다. 인생의 최고의 날이 쉽게 오지는 않습니다. 자신의 원고를 출간시켜 달라고 졸라대는 예비 작가가 얼마나 많겠습니까? 당신이 얼마나 이 책에 심혈을 기울였는지, 많은 고민을 거쳤는지, 트렌드 분석과, 스와트 분석(SWOT analysis)[7] 등 책을 출간하기 위해 얼마나 많은 관심을 가지고 노력했는지를 아는 출판사가 나타날 것입니다.

한 번만 성공하면 그전의 실패는 추억에 불과합니다.
대패질하는 시간보다 대팻날 가는 시간이 길 수 있습니다.

---

7) SWOT는 Strength(강점), Weakness(약점), Opportunities(기회), Threats(위협)의 합성어이다. SWOT 분석이란 SWOT를 이용하여 문제를 분석하는 것이다.

19. 출판 계약하기

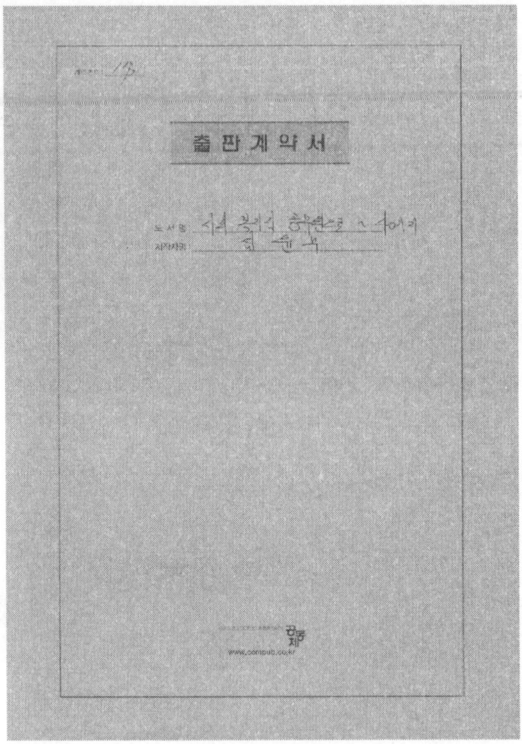

「사회복지직 공무원으로 살아가면서 알아야 할 40가지」 출판 계약서 앞표지

'출판 계약'은 '출간 계약'이라고도 하며, 쓴 글을 인쇄, 그 밖의 유사한 방법으로 문서 또는 도서로 출판하고자 하는 자가, 지은이에 대하여 그것을 출판할 수 있는 권리를 설정하거나 위임하는 행위에 관련된 계약을 말합니다.

출판사에서 출간 제의를 받은 후 출판 계약을 하였다면 아마도 뛸 듯이 기쁠 것입니다. 기쁨으로 끝나서는 안 됩니다. 자신에게 칭찬하는 시간을 가져야 합니다. 책은 아무나 낼 수 있는 것이 아니기 때문입니다.

처음 글을 쓰기로 하고 나서 긴 시간을 포기하지 않고, 순수한 애정으로 작업하고, 전념했던 시간들이 주마등처럼 스쳐 지나갈 것입니다.

하지만 기쁨만 가질 수는 없습니다. 한 권의 출간만 하고 말 것이 아니라면 내 부족한 작품을 선택해 준 출판사에 대한 고마움과 인연을 소중히 여기고 끝까지 최선을 다해야 합니다. 특히 원고마감일을 반드시 지켜 신뢰를 줍니다.

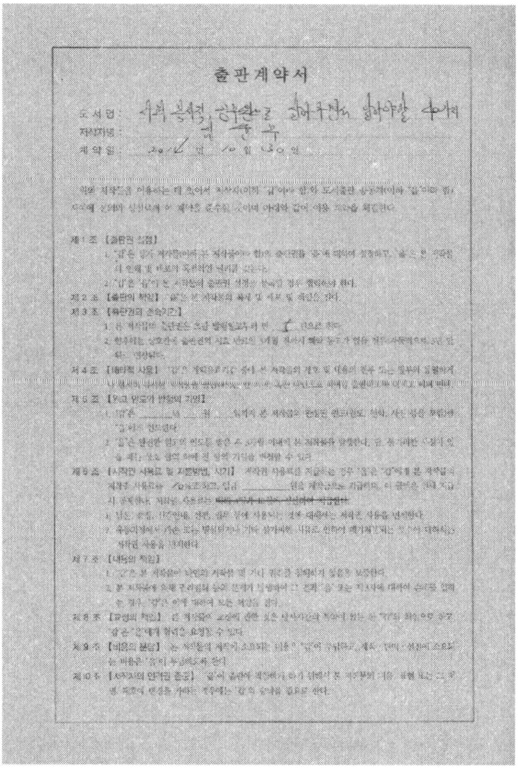

출판계약서

도 서 명:

저작자명:

계 약 일:

『사회복지직 공무원으로 살아가면서 알아야 할 40가지』 출판계약서 내용

한편 처음 책을 출판하는 초짜 저자라면 계약을 잘하는 것인지, 즉 합리적인 계약서 or 구속적인 계약서인지를 판단할 기준이 없습니다. 출판

계약서 내용을 살펴보면, 딱딱한 법률적인 용어들이 대부분이기 때문입니다. 다음에 제시한 출판계약서의 내용을 확인한 후 좀 더 안정되고 합리적인 계약을 하시기 바랍니다.

출판계약서

도서명 : 사회복지직 공무원으로 살아가면서 알아야 할 40가지

저작자(지은이)명 : 심윤무
계약일 : 2014년 10월 30일

위의 저작물을 이용하는 데 있어서 저작자(이하 "갑"이라 함)와 도서출판 공동체(이하 "을"이라 함) 사이에 신의와 성실로써 이 계약을 준수할 것이며 아래와 같이 이용 계약을 체결한다.

도서명, 저작자명, 계약일, 계약준수, 계약체결을 시작으로,

제1조 【출판권 설정】, 제2조 【출판의 책임】, 제3조 【출판권의 존속기간】, 제4조 【배타적 사용】, 제5조 【원고 인도와 발해의 기일】, 제6조 【저작권 사용료 및 지불방법, 시기】, 제7조 【내용의 책임】, 제8조 【교정의 책임】, 제9조 【비용의 분담】, 제10조 【저작자의 인격권 존중】

이어서, 제11조 【저작권의 표시】, 제12조 【개정증보판의 발행】, 제13조 【장정, 책값, 부수 등】, 제14조 【증정부수 등】, 제15조 【저자의 도서구입】, 제16조 【2차적 사용】, 제17조 【전송권 설정】, 제18조 【저작권 또는 출판권의 양도, 질권 설정】, 제19조 【계약의 해지】, 제20조 【계약내용의 변경】, 제21조 【출판권 소멸 후의 배포】, 제22조 【재해, 사고】, 제23조 【소송의 관할】

추가약정사항으로 끝납니다.

글쓴이와 출판사가 출판계약을 체결하면, 저자는 '저작권자'가 되고 출판사는 '출판권자'가 됩니다. 출판계약을 한다는 것은 출판사가 저자로부터 출판권을 인수하는 것을 말합니다. 일반적으로 계약일로부터 시작해서 초판 1쇄를 발행한 이후 5년간의 효력을 갖습니다.

출판계약에서 가장 중요한 항목은 제6조 【저작권 사용료 및 지불방법, 시기】 입니다(예 저작권 사용료를 지급하는 경우 "을"은 "갑"에게 본 저작물의 저작권 사용료를 (　　)%로 하고, 일금 (　　　)원을 계약금으로 지급하며, 이 금액은 인세 지급 시 제공한다. 저작권 사용료는……).

제6조의 인세에 관한 내용을 잘 검토하여야 합니다. 출판사마다 많은 차이가 있지만 일반적으로 도서 정가의 10퍼센트를 인세로 지급합니다. 물론 초짜 작가의 경우는 8% 정도에 계약하는 경우도 있습니다. 출판계약이 목적이 되어서는 안 됩니다.

당신이 작가라는 사실을 잊지 말고, 오직 글 쓰는 것이 당신의 주된 이유가 되기를 바랍니다.

20. 글 쓰는 사람을 위한 추천 서적

살다 보면 갑작스럽고 멋진, 아름다움을 느끼는 순간, 가슴이 벅찰 때가 있습니다. 마치 터질듯이 부푼 풍선처럼……. 그때가 바로 좋은 책을 만날 때입니다. 좋은 음악을 들으면 작곡하고 싶고, 좋은 글을 많이 만나면 글쓰기를 해보고 싶은 것처럼 여기서 소개하는 책들이 누군가에게 글쓰기를 시작하는 입문의 작은 계기가 되기를 소망합니다.

『사회복지사의 글쓰기, 365일』을 쓰면서 사회적 글쓰기를 위한 책, 글쓰기를 위한 글쓰기 책, 우리말 바로쓰기 책, 학위논문 글쓰기를 위한 책들을 200권 정도 읽었습니다. 이 중 글쓰기 책을 쓰기 위해 글쓰기 책을 집중적으로 읽고 분석해 보니, 글쓰기 가이드, 글쓰기 비법 10가지, 글쓰기 노하우 75가지, 글쓰기 철칙, 독서와 글쓰기, 쉽고 짧게 사실을 위주로 써라, 퇴고의 중요성, 블로그 활용, 최고의 글쓰기 연습은 베껴쓰기, 칼럼을 필사하라, 당신만의 이야기를 표현하라 등 책의 내용은 거의 유사하거나 조금씩 달랐습니다. 참고할 만한 글쓰기 책을 1) 사회적 글쓰기를 위한 책, 2) 글쓰기를 위한 글쓰기 책, 3) 우리말 바로쓰기 책, 4) 학위논문 글쓰기 책 순으로 기술하고자 합니다.

1) 사회적 글쓰기를 위한 책

『야마토마치에서 만난 노인들』 (김동선, 2004 궁리)

외로운 노인과 고단한 가족의 희망 찾기를 다룬 책으로 등이 굽고 기억이 흐려지는 모든 노인을 위해, 그 늙음이 난감하고 애달픈 모든 아들딸을 위해, 지속가능하고 조화로운 고령사회로 가는 지도를 제시하고자 했습니다. 책 내용의 일부를 소개합니다.

"일본에서 노인복지의 모범으로 꼽히는 야마토마치에서 지내면서 노인과 가족의 삶을 들여다 보았다. 오늘날 고령화 전쟁을 치르는 일본이지만, 이곳은 가정파탄이나 노인 학대, 자살 같은 극단적인 비극은 없다. 골방에 갇힌 노쇠한 노인과 수발로 피폐해진 가족을 방치하지 않고, 지역공동체가 나서서 그 짐을 나눠 지고 대안을 마련해 온 덕분이다. 평생 살아온 집에서 사랑하는 이들과 말년을 보내는 노인, 개호시스템의 도움으로 고단한 일상에서 벗어난 가족이 공존하는 곳, 삼십 년 산골 오지에서 청년의사 세 명이 헌신으로 싹틔운 지역복지의 씨앗을,

지금 여기에서 어떻게 꽃피울지는 이제 우리의 몫이다."

『영화로 보는 사회복지』(유동천·장면희, 2004 양서원)

현대사회의 영화는 더 이상 대중문화의 한 분야에 불과하지 않습니다. 영화는 문학이나 철학, 사회학, 사회복지학 때로는 음악이나 미술이 했던 어떤 역할까지 대신하고 있을 정도로 광범위하게 그 영향력을 넓혀가고 있습니다. 저자는 교양수업에서 진행했던 사회복지 관련 영화들을 책으로 엮고자 했습니다. '영화는 비록 허구적 구조물이지만 삶에 뿌리를 두고 그 연장선상에서 펼쳐지는 또 하나의 삶, 객관화된 삶이라는 점에서 사회복지와 연관된 또 하나의 영역이다'라고 말하고 있습니다. 영화지식과 확장된 사회복지 관련 시선을 얻고자 한다면 읽어보시길 바랍니다.

『노인복지 혁명』(오쿠마 유키코, 노명근·노혜련 옮김, 2010 예영커뮤니케이션)

북유럽의 복지시설을 심층 취재한 보고서로 일본 노인복지 정책의 일대 변혁을 가져온 책입니다. 이 책은 '늙고 병들면 사회로부터 격리되거나 후미진 구석방에 몸져 누워 있는 것이 우리 노약자들의 모습이다. 우리는 늙는 것과 장애가 본인의 잘못이 아님을 잘 알면서도 편견에 사로잡혀 그들을 왜 격리시키려 하는가?' 등을 말하면서 일본의 노인복지 정책을 변화시키는 데 기여한 보고서입니다. 저자는 노약자들이 보통사람으로 대우받고 존중받는 사회야말로 진정으로 풍요로운 사회임을 밝히고 있습니다.

『복지관 사례관리 공부노트』(김세진, 2012 푸른복지)

서너 해 동안 사례관리에 관한 연수, 강의, 공부 모임을 진행하면서 주고받은 실무자들과의 대화내용을 정리한 글을 묶은 책입니다. 사례관리에 관해 대화하고 공부한 내용 그리고 '복지관 사례관리 실천'의 생각이 나아간 곳까지 꼼꼼하게 기록하고 정리한 책입니다.

『사회복지사를 위한 사회복지』(문대수, 2012 푸른복지)

사회복지사를 위한 지침서로 현장의 경험과 사례를 바탕으로, 사회복지사는 어떤 사람이 되어야 하는지, 어떤 정체성을 지녀야 하는지, 전문성을 강화하기 위해 어떻게 해야 하는지에 대한 이야기를 담았습니다. 이 책은 힘들어하는 사회복지사들에게 희망을 주고 사회복지사로서 다시 한 번 소중한 사회복지의 가치를 찾을 수 있도록 해줍니다.

『사회복지현장의 불편한 진실』(안태용, 2012 푸른복지)

불만과 비판을 넘어 우리 스스로 대안을 실천해 보고자 이 책을 집필하였다고 합니다. 7년차 사회복지사가 사회복지현장에서 알려주지 않는 45가지 이야기를 고정관념에서 벗어나 다양한 생각과 눈높이별로 현장을 사실적으로 보여주고 있는 것이 특징입니다.

『다시 태어난다면 살고 싶은 나라』(홍익출판사, 2014 정치경영연구소)

투철한 문제의식으로 유럽을 배우러 간 15명의 한국 청년들이 거리에서, 슈퍼마켓에서, 도서관, 병원, 버스 안에서 그들이 보고 듣고 느낀 생생한 일상을 다룬 책으로, 일상 속에서 '유럽의 핵심 복지'를 찾아보고자 했습니다.

저녁이 있는 삶이 가능한 나라 영국, 모두 같은 출발선에서 시작하는 세상 덴마크, 동네 길에서 공유를 느끼는 나라 벨기에, 죄책감 없이 대학에 가는 나라 노르웨이, 바게트 · 와인과 시위가 일상인 나라 프랑스, 지영업자도 퇴근하는 나라 네덜란드, 육아휴직 기간 생계까지 책임지는 나라 스웨덴, 탐페레 시내버스에서도 복지가 보이는 나라 핀란드, 별 탈 없는 복지의 속사정을 볼 수 있는 나라 독일, 의료복지 개혁의 현주소를 볼 수 있는 나라 스페인, 국민행복의 비밀이 알고 보니 정치에 있는 덴마크, 유치원에서 대학까지 국가가 책임지는 나라 이탈리아의 복지를 자세히 들여다본다면 우리나라도 살고 싶은 나라로 만들어보고 싶은 생각이 들 것입니다.

『우리도 행복할 수 있을까』(오연호, 2014 오마이북)

우리 삶의 목적은 행복에 있다고 말하는 저자는 행복지수 1위 덴마크에서 새로운 길을 찾고자 했습니다. 즐거운 학교, 자유로운 일터, 신뢰의 공동체가 숨 쉬는 행복사회의 비밀을 알고자 했습니다. 인간은 유전의 힘을 거스를 수 있는 유일한 존재라 말하면서 그 정점에 덴마크를 예로 들었습니다. '무엇이 행복한 사회를 만드는가'라는 질문에 가슴이 뛰었다는 오연호 대표의 진정성이 느껴지는 책입니다. 행복한 사회를 꿈꾸는 사회복지사라면 꼭 읽어보시길 바랍니다.

『주고받음』 (문미숙, 2015 한국보건복지인력개발원)

10년차 문미숙 사회복지사는 실천현장에서 만난 당사자에게 시를 선물 받고, 사회복지사뿐 아니라 당사자도 사회복지사와의 관계를 고민한다는 것을 알게 되었다고 합니다. 그래서 사회복지사로서 어려운 이웃을 도울 때 어떻게 도와야 할지 항상 고민하게 되었고, 서로 주기도 하고 받기도 한 현장실천경험을 기록으로 담았습니다. 우리 사회복지 현장에서 중심을 바로 세우고, 지식과 경험을 편집한 힘을 느끼고 싶다면 이 책을 권합니다.

『행복의 공간, 지역복지실천이야기』 (이가영, 2015 한국보건복지인력개발원)

선의관악종합사회복지관 팀장으로 재직 중인 이가영 사회복지사의 책으로 지역사회 주민들을 만나 동아리를 만들고 그들과 함께 변화하고 성장해 가는 이야기들을 책으로 만들었습니다. 성찰하는 사람에게 미래가 있고, 성찰의 좋은 도구가 글이며, 글 쓰는 사회복지사에게 미래가 있다는 것을 보여주는 책이라 생각합니다. 책 속에는 신념과 가치를 붙잡고 일하고 있는 모습들이 생생하게 그려져 있습니다.

『복지현장 사례관리팀장이 들려주는 사례관리 슈퍼비전』(김영습, 2015 한국보건복지인력개발원)

밀양종합사회복지관 팀장으로 재직 중인 김영습 사회복지사의 책으로 사례관리의 올바른 실천, 조금이라도 뜻있게 이루어가려는 마음, 팀장의 역할에 대한 고민과 성찰이 고스란히 반영된 책입니다. 변화는 글쓰기와 함께 온다는 것을 이 책을 통해서 느낄 수 있습니다.

『국가복지에서 동네복지로』(전병관, 2015 우물이 있는 집)

저자는 국가복지의 한계를 느끼고 '동네의 가치'에 주목하는 사회적인 추세에 맞추어 이 책을 썼습니다. 이 책에서는 공동체의 회복이 곧 동네복지의 시작이라고 말하고 있습니다. '동네에서의 삶'과 '더불어 살아가는 삶'을 가까이에 사는 이웃이 대신 해줄 수 있게만 마련해 준다면, 이웃 간의 정을 느낄 수 있는 작은 일들이 지속적으로 펼쳐진다면, 동네 단위의 나눔 공동체는 자연스럽게 만들어질 수 있다고 주장합니다. 행정일선에 있는 동장이 할 수 있는 작은 것부터 시작해 보자고 합니다. 온양3동 동장으로 지역주민과의 최일선에서 접촉한 경험 등을 귀담아 들을 수 있는 책입니다.

『선배가 들려주는 멋진 사무관 되기』(정문호, 2015 한국보건복지인력개발원)

지방공무원들에게 원대한 꿈과 희망을 갖고 힘차게 일할 수 있는 동기부여의 기회를 주고 후배 공무원들의 빠른 승진과 행복한 공무원 생활을 기대하고 응원하기 위한 메시지를 전달하는 내용입니다. 공공전달체계 사회복지사로서 현장에서 느끼는 고민과 방향을 제시하는 책입니다.

『신입사회복지사의 좌충우돌 실천 이야기』 (권대익, 2016 푸른복지)

입사준비 : 공부, 사람, 책부터 글 쓰는 사회복지사, 지원기준, 사회사업 시 인사의 중요성, 사업 이야기, 사회사업의 원동력인 공부 등 신입 사회복지사의 좌충우돌 실천 이야기를 다루고 있는 책으로 어디에 중심을 두고 생활해야 하는지를 잘 보여주는 책이라 생각합니다.

'신입 사회복지사. 누구에게나 신입 사회복지사 시절이 있습니다. 연예인이나 프로 스포츠 선수에게 신인왕이 인생의 한 번뿐인 기회이듯, 사회복지사에게 신입은 다시 돌아오지 않는 시간입니다. 그러니 1년 차 때 실천한 이 글은 저에게 큰 선물입니다. 10년이 지났을 때 다시 이 글을 본다면 마음이 새롭겠지요. 지금의 열정과 마음이 시간이 지나도 변하지 않으면 좋겠습니다.'

- '신입 사회복지사의 좌충우돌 실천 이야기 머리말 가운데

소개된 책 외에 글쓰기 할 때 꼭 읽어야 할 51가지 인문학 책을 소개(김세진, 2011)합니다.

(1)

- 가난한 휴머니즘, 장 베르트랑 아리스티드, 이후, 2007.
- 세잔의 차, 그레그 모텐슨 등 공저, 권역주 역, 이레, 2009.
- 농부 철학자 피에르 라비, 장 피에르 카르트에 등 공저, 늑대 옮김, 조화로운 삶, 2007.
- 정의의 길로 비틀거리며 가다, 리 호이나키 저, 김종철 역, 녹색평론사, 2008.
- 생활의 조건, 웬델 베리 저, 정경옥 역, 산해, 2004.
- 삶은 기적이다, 웬델 베리 저, 박경미 역, 녹생평론사, 2006.
- 공룡 둘이에 대한 슬픈 오마주, 최규석, 길찾기, 2009.
- 윤리적 소비, 천규석, 실천문학사, 2010.
- 꿈의 도시 꾸리찌바, 이미애, 서해문집, 2006.
- 노암 촘스키의 미디어 컨트롤, 노암 촘스키 저, 박수철 역, 모색, 2003.

(2)

- 잘 찍은 사진 한 장, 윤광준, 웅진 지식하우스, 2002.
- 나쁜 사마리아인들, 장하준 저, 이순희 역, 부키, 2007.
- 살림의 경제학, 강수돌, 인물과 사상사, 2009.
- 똥꽃-치매어머니와 함께한 자연치유의 기록, 전희식 · 김정임, 그물코, 2008.

- 행복은 자전거를 타고 온다, 이반일리히 저, 박홍규 역, 미토, 2004.
- 빈곤의 역사, 복지의 역사, 허구생, 한울, 2006.
- 십시일反-10인의 만화가가 꿈꾸는 차별 없는 세상, 박재동 · 손문상 등, 창비, 2003.
- 가난뱅이의 역습, 마쓰모토 하지메 저, 김경원 역, 이루, 2009.
- 경제성장이 안되면 우리는 풍요롭지 못할 것인가, 더글러스 러미스 저, 김종철 · 이반 공역, 녹생평론사, 2007.

(3)

- 여기에 사는 즐거움, 야마오 산세이 저, 이반 역, 도솔, 2002.
- 생태요괴전, 우석훈, 개마고원, 2009.
- 생태페다고지, 우석훈, 개마고원, 2009.
- 나무, 베르나르 베르베르, 열린책들, 2008.
- 희망, 스코트 니어링 저, 김라합 역, 보리, 2005.
- 그 섬에 내가 있었네, 김영갑, 휴먼앤북스, 2007.
- 민들레 국수집, 서영남, 더북컴퍼니, 2005.
- 사랑 안에서 길을 잃어라, 루미 저, 이현주 역, 샨티, 2005.
- 마을이 세계를 구한다, 마하트마 간디 저, 김태언 역, 녹색평론사, 2006.
- 세계에서 빈곤을 없애는 30가지 방법, 다나카 유 등 공저, 이상술 역, 알마, 2009.

(4)

- 자비를 팔다, 크리스토퍼 히친스 저, 김정환 역, 모멘토, 2008.
- 당신에게 좋은 일이 나에게도 좋은 일입니다, 홍세화 등, 고즈윈, 2004.
- 만물은 서로 돕는다, P. A. 크로포트킨 저, 김영범 역, 르네상스, 2005.
- 세계를 뒤흔든 상호부조론, 하승우, 그린비, 2006.
- 길은 사람 사이로 흐른다, 김양미 · 양학용, 예담, 2008.
- 아이들은 놀기 위해 세상에 온다, 편해문, 소나무, 2007.
- 아빠랑 시골 가서 살래?, 전남진, 좋은 생각, 2005.
- 여론조사의 덫, 다니오카 이치로 저, 양진철 · 김두환 공역, 심산, 2004.
- 아무도 기획하지 않는 이유, 고미숙, 휴머니스트, 2004.
- 민들레는 장미를 부러워하지 않는다, 황대권, 열림원, 2006.

(5)

- 간디의 물레, 김종철, 녹색평론사, 1999.
- 다시 마을이다, 조한혜정, 또하나의문화, 2007.
- 여럿이 함께, 신용복 등, 프레시안북, 2008.
- 오늘도 나는 지렁이에게 안부를 묻는다, 허병섭 등, 옹기장이, 2004.
- 가난한 사람들을 위한 은행가, 무하마드 유누스 저, 정재곤 역, 세상사람들의 책, 2002.
- 허울뿐인 세계화, 헬레나 노르베리-호지, 따님, 2004.
- 도시에서 생태적으로 사는 법, 박경화, 명진출판, 2004.
- 급진주의자를 위한 규칙, 사울 D. 알린스키 저, 박순성 · 박지우 공

역, 아르케, 2008.

- 길은 사람에게로 향한다, 김기석, 청림출판, 2007.
- 사막에 숲이 있다, 이미애, 서해문집, 2006.
- 그러니 그대 사라지지 말아라, 박노해, 느린걸음, 2010.

2) 글쓰기를 위한 글쓰기 책

『글쓰기 훈련소』 (임정섭, 2009 경향미디어)

간단하고 쉽게 글 잘 쓰는 전략을 제시한 책으로, '일기쓰기를 제외한 모든 글쓰기가 남에게 보여주기 위한 행위라는 점에서, 글은 글쓴이의 생각하는 바를 명확하게 나타내되, 읽는 이로 하여금 일련의 반응을 이끌어 낼 수 있어야 한다'고 말하고 있습니다.

저자는 쉽고 빠르고 재미있는 글쓰기 법으로 '포인트(P-O-I-N-T) 글쓰기'라는 틀을 제시하고 있습니다. 모든 글의 기본 구조가 되는 '배경-내용-의견'을 확장시켜 'P(포인트 파악하기)－O(아웃라인 짜기)－I(배경 정보 넣기)－N(뉴스 넣기)－T(생각, 느낌, 의견 넣기)'라는 글쓰기 법을 소개합니다. 더불어 대표적인 실용 글쓰기인 서평, TV 리뷰, 비즈니스 라이팅(보고서, 기획서)에 응용할 수 있도록 친절히 예시도 소개되어 있습니다.

『하버드 글쓰기 강의』 (바저라 베이그, 2011 에세)

저자가 교사 초기 시절부터 각종 글쓰기 교실과 워크숍에서 느낀 문제점과 이에 대한 개선책 등을 수업이 끝난 뒤에 일일이 기록했다가 담아낸 첫 책이자 그의 '창조적 글쓰기' 노하우를 집대성한 책입니다. 약간 원론적인 느낌의 글쓰기 매뉴얼 같은 책입니다.

글쓰기에 관심을 갖는 사람들은 흔히 '작가는 타고나는 것'이라는 잘못된 생각을 하고 있다고 저자는 지적하고 있습니다. 이렇게 잘못된 생각으로 소질이 있으면 쓰고 없으면 못 쓴다는 결론을 내린다는 것입니다. 하지만 글쓰기는 재능이 아니라 학습으로 성취할 수 있는 능력이라는 것이 저자의 생각입니다. '운동이나 음악과 마찬가지로 끊임없는 훈련으로 익힐 수 있는 것이 글쓰기 기술이다'라고 강조하고 있습니다.

『서울대 인문학 글쓰기 강의』 (이상원, 2011 황소자리)

'글쓰기에는 정답은 없다'고 하는 서울대 이상원 교수는 강의에는 정답도, 시험도, 평가도, 흔한 교수 첨삭도 생략된다고 말합니다. 왜냐하면 글쓰기는 애초에 평가할 수 있는 것이 아니며 자신이 지적한 것을 학생들이 정답으로 받아들일까 하는 염려 때문이라고 합니다. 학생들은 스스로 홈쇼핑 쇼호스트가 되어 자신을 판매하는 글, 같이 사는 고양이의 눈으로 자신을 관찰하는 글, 20대에 삶을 마감하게 된 상황을 가정하고 쓴 유서 등의 과정을 통해 글을 쓸 수 있는 바탕이 더욱 넓어졌다고 합니다. 자신을 표현하는 수단으로서 글쓰기의 기능이 점점 강화되는 시대 이 책을 통해 본질적인 안목을 기를 수 있는 시간이 될 것입니다.

『남자 보는 눈으로 통달하는 발칙한 글쓰기』(유나경, 2012 북포스)

'남자 보는 눈이 이 정도면 당신도 수준급 작가가 될 수 있다'고 말하면서 내 설렘의 근원(작가는 남자와 글쓰기)을 찾으면 누구든지 글쓰기 작가가 될 수 있다고 합니다. 남자에, 글쓰기에 혹은 이 두 가지 모두에 관심이 있는 사람들에게 많은 생각할 거리를 줄 수 있을 거라 생각했고, 그 둘의 공통점을 찾아 이야기를 풀어 책으로 내놓았다고 합니다. 책에서는 글쓰기 유형으로 5가지를 제시하고 있습니다. 좋은 남자처럼 좋은 글쓰기, 속 터지게 하는 남자처럼 속 터지는 글쓰기, 이기적인 남자처럼 이기적인 글쓰기, 아버지처럼 천천히, 일상적으로 글쓰기와 부록으로 작가의 꿈을 이루는 28주 트레이닝 캠프 이야기를 통해 글쓰기를 시작하려는 사람들에게 구체적이고 전략적인 도움을 주고자 했습니다.

『뼛속까지 내려가서 써라』(나탈리 골드버그, 2013 한문화)

내면에 잠재한 글쓰기의 씨앗을 찾고 싶은 사람을 위한 책입니다. 글 쓰는 사람뿐 아니라 인생의 모든 모험을 앞둔 이들을 위한 책이라고 할 수 있습니다. 전 세계에 글쓰기 붐을 일으킨 주인공이자 시인이며 소설가로, 이 책에서 '좋은 글쓰기'를 '창조하는 법'에 대해 말하고 있습니다. 즉, 글쓰기에 대해 교육적인 입장을 강조하는 교과서가 아니라 자기 내면에 이미 존재하는 글쓰기의 잠재력과 씨앗을 이끌어 내고 키워내는 방법을 보여주고 있습니다. 내용으로는 '문법에 얽매이거나 편집하고 생각하고 마음을 통제하려 하지 말고, 손을 움직이며 더 깊이 파고들라', '첫 생각을 밀고 나가라, 시간을 정해 멈추지 말고 써라, 한계를 넘어 계속 밀어붙여라' 등이 있습니다.

『최고의 글쓰기 연습법, 베껴 쓰기』(송숙희, 2013 대림북스)

말과 글을 다루며 원하는 것을 얻도록 돕는 커뮤니케이션 코치인 송숙희 씨는 '글쓰기는 가르칠 수 없다'고 말하면서 쓰면서 배우라고 합니다. 이 책에는 글을 잘 쓰기 위해서는 '매일 1,000자 내외의 신문칼럼을 한 편씩 베껴 쓰라'고 조언하고 있습니다.

『삶은 어떻게 책이 되는가』(임승수, 2014 한빛비즈)

≪오마이뉴스≫ 연재로 화제를 모았던, 책 쓰는 사람이 알아야 할 거의 모든 것을 다룬 책으로 출판 현장이 고스란히 녹아든 실전 책 쓰기 매뉴얼이라고 할 수 있습니다. 이 책은 내 삶에서 무엇이 책이 될지 살펴보는 법, 책 한 권이라는 긴 글을 쓰는 법, 기획서를 쓰고 목차를 짜는 법, 투고하기 전에 반드시 알아야 할 것, 출간 이후 저자는 무얼 해야 하는지 등 책을 쓸 때 반드시 필요한 실전 노하우를 담았습니다.

『윤태영의 글쓰기 노트』(윤태영, 2014 책담)

대통령의 필사 윤태영이 전하는 글쓰기 입문부터 심화까지 75가지 노하우! 노무현 대통령은 언제나 그를 곁에 두고 자신을 관찰하면서 일거수일투족을 기록하도록 했다고 합니다. '글은 기록이며, 설득이며, 노선이다. 궁극적으로 생명의 표현이다. 세상을 바꾸고 싶다면 글을 쓸 필요가 있다. 글은 자신을 바꾸는 데에도 유효한 수단이다'라고 말하면서 '글은 머리가 아니라 메모로 쓴다'로 시작해서 '타깃을 분명히 정하자'까지 글쓰기 노하우를 아낌없이 제시하고 있는 책입니다.

『회장님의 글쓰기』(강원국, 2014 메디치)

대기업에서 17년간 말과 글을 다룬 전문가의 '현장감 넘치는' 글쓰기 가이드북으로 상사의 마음을 사로잡는 글쓰기 비법을 제시하고 있는 책입니다. 이 책은 통하는 보고서를 위한 상사심리 탐험, 소통으로 형통하라, 마음을 놓친 달필은 졸필보다 못하다, 강 상무는 '어떻게 글쓰기로 임원이 되었나?'로 구성되어 있습니다. 글쓰기 이전에 사람의 마음을 먼저 얻으라고 조언하고 있습니다.

『대통령의 글쓰기』(강원국, 2014 메디치)

'어떻게 써야 사람의 마음을 움직이는가'라는 물음과 답을 제시하고 있는 책으로 대한민국 최고의 연설가인 김대중, 노무현 두 대통령에게 배운 글쓰기 핵심 노하우로 글을 쓰고 싶어 하는 사람들의 마음을 움직이고 있습니다. 대부분의 글쓰기 책들이 설명과 예문으로 이루어진 반면에, 『대통령의 글쓰기』는 저자가 겪은 독특하고 흥미진진한 에피소드를 제시하여 자연스럽게 글쓰기 비법이 기억에 남도록 합니다. 대한민국을 뒤흔들었던 대통령의 무수한 문장들, 위기의 순간에 발표한 연설문에 얽힌 일화들이 주는 리얼리티는 독자들에게 웰메이드 드라마를 보는 것 같은 경험을 선사하고 있습니다.

『살며 사랑하며 글을 쓴다는 것』(마저리 홈스, 더블북, 신승미 옮김, 2015)

미국 500만 부 밀리언셀러 작가의 글쓰기 특강을 다룬 책입니다. '시시한 글도 위대한 글도 없다. 당신만의 인생 이야기를 표현하라'고 합니다.

'『살며 사랑하며 글을 쓴다는 것』은 어떤 이유로든 글을 쓰고 싶어 하는 사람에게 도움이 될 것이다. 성공한 작가들의 글을 쓰는 방법을 알고 싶으면 이 책을 읽기 바란다. 각종 규칙과 비밀이 여기에 담겨 있다. 좋은 아이디어를 얻는 방법에서부터 내용을 효율적으로 배열하는 방법, 사람들이 재미있게 읽도록 문체를 개발하는 방법에 이르기까지 다양한 내용이 나온다. 무엇보다도 당신과 동일한 상처와 골칫거리를 가지고 있으며, 당신의 이야기로 도움을 받고 영감을 얻을 사람들의 심금을 울리는 방법이 담겨 있다.'

- 머리말 중에서

『Simple 심플, 단 하나의 글쓰기 공식』(임정섭, 2015 다산북스)

대한민국 최고의 글쓰기 강사이자 '글쓰기 훈련소' 운영자 임정섭 소장은 현 시대를 살아가는 우리에게 필요한 글이란 어렵고 멋진 글이 아니라, 쉽게 쓰고 쉽게 이해할 수 있는 글이라 말합니다. 고급스럽기 이전에 명료해야 하고, 뛰어나기보다 자연스러워야 한다는 것입니다. 서평, 에세이, 자기소개서부터 보고서, 기획서, 칼럼, 기사까지 글쓰기 비법을 소개하고 있습니다.

3) 우리말 바로쓰기 책

『우리글 바로쓰기』(이오덕, 2009 한길사)

이오덕은 아동문학가, 우리말 연구가입니다. 이 책은 한결같이 '우리말 살리기'라는 기본 정신을 바탕으로 하고 있으며 우리의 말과 글을 아름다우면서도 바르게 사용하는 방법을 안내합니다. 또한 누구나 입으로 하는 쉬운 말로 쓰기를 당부하고 있으며, 외래어를 분별하여 쓰는 법과 잘못 쓰이는 외래어를 바로잡을 방안들도 제시하고 있습니다.

1권은 1992년 개정된 개정판이며, 선생이 잡지에 연재한 글을 모아 낸 것이 2권, 1995년 3권을 펴낸 바 있습니다. 4권과 5권은 이오덕 선생 사후에 출간된 책으로 외래어 사용에 대해 주의를 환기시키는 글과 어린이를 위한 살아 있는 글쓰기와 풍부한 사례가 돋보입니다. 유시민 전 보건복지부장관이 자신의 책에서 언급한 책으로 '경험한 일을 솔직하고 쉽게 멋 부리지 않고 소박하게 쓴 글이 좋은 글'이라고 밝히고 있습니다.

4) 학위논문 글쓰기 책

사회복지대학원에 진학해 석·박사과정을 밟고 있는 사회복지사라면 반드시 읽어봐야 할 책입니다.

『불평등의 경제학』(이정우, 2010 후마니타스)

'지난 20년간 우리나라에서 경제적 양극화, 불평등, 빈곤 등의 문제에 대한 사회적 관심은 엄청나게 늘어나 지금은 거의 폭발적 수준에 가깝다'고 하면서 40년 동안 우리 머리를 지배해 온 '선 성장 후 분배'의 철학을 이제는 폐기해야 한다고 합니다. 분배와 성장이 동행한다는 인식, 분배를 통한 성장이 얼마든지 가능하다는 세계적 보편적 인식을 가질 수 있도록 해주는 책입니다.

『한국의 빈곤』(김교성 · 노혜진, 2011 나눔의집)

한국의 빈곤에 관한 논문들을 모아 하나의 연구서로 발간한 책입니다. 이 책은 사회양극화를 비롯한 사회적 불평등 현상이 부각되고 있는 사회적 상황에 '빈곤을 어떻게 정의할 것인가'라는 근본적인 물음을 되짚어 봄으로써 기존의 경제적 차원에서만 접근되었던 기존의 '빈곤' 개념이 가진 한계를 지적하며 좀 더 거시적 차원의 접근이 필요함을 강조합니다.

단순히 경제적인 차원의 빈곤문제뿐만 아니라 그로 인해 파생되는 다양한 빈곤문제, 즉 소득빈곤, 지역빈곤, 여성가구주의 빈곤, 시간빈곤, 시간과 소득의 이중빈곤, 빈곤의 탈피와 진입의 반복 등 다양한 사회적 현상을 짚어줍니다. 각 현상의 원인 및 현재의 양태, 관련 정책들을 소개하며 현재의 빈곤 지형을 양적 연구를 통해 드러내고 있습니다. 빈곤과 관련된 학위논문을 쓰는 사회복지사들은 학술지 또는 학위논문의 틀을 읽을 수 있습니다.

『그들이 아닌 우리를 위한 복지』(허경회 외, 2011 학지사)

21세기 한국 사회의 새로운 복지패러다임을 그려내기 위해 서울대학교 교수 등 18명이 모였습니다. 우리의 복지가 어디로 가야 하는지에 관해서는 적지 않은 논의가 있었지만, 안타깝게도 서구 선진국의 모델을 도입하는 수준에서 크게 벗어나지 못함을 안타깝게 여기면서 이 책을 공동 집필하고자 뜻을 모았다고 합니다. 저자들은 기존의 몇몇 제도와 정책을 바꾸는 수준이 아니라 복지의 철학과 이념의 기저부터 종합적으로 검토하고 바꾸고자 하는 작은 시도를 하고자 했습니다.

『학위논문 프로포절』(김경호 · 차은진, 2012 나눔의집)

"좋은 학위논문을 쓰기 위해서는 좋은 연구계획서를 작성하여야 한다"라고 말하고 있습니다. 사회복지대학원과정에 있는 사회복지사라면 연구계획서의 핵심 요소와 작성방법을 보다 쉽게 이해하도록 기술해 놓은 이 책을 읽어보길 바랍니다.

『사회복지로의 초대』(박병현, 2015 공동체)

사회복지사와 관련한 23가지의 주제를 쉽게 설명하고 있습니다. 복지란 희망을 의미하고, 어두움을 밝히는 빛이 될 수 있다고 말하면서, 인간의 본성, 사회진화론, 선택적 복지와 보편적 복지, 공적연금제도, 사회복지의 확대, 낙수효과, 증세 없는 복지, 애덤스미스, 벤담, 맬서스와 복지제도, 대공황, 전화위복이었던 IMF 경제위기, 미국의 1960년대 사회

불안과 사회복지, 한국의 1980년대 사회적·정치적 불안과 사회복지, 불평등으로 우울한 현실, GDP의 함정, 사회복지로 건너기, 사회복지로 평등한 세상 만들기, 스웨덴의 평등추구, 급여, 할당, 재정, 전달체계, 사회복지의 변화, 문화는 사회복지에 어떤 영향을 미치는가?, 상생의 정신과 연대의 가치가 존중받는 사회를 꿈꾸며 등을 다루고 있습니다.

제5장

사회복지대학원 학위논문 글쓰기

제5장 사회복지대학원 학위논문 글쓰기

1. 석·박사 논문 글쓰기

사회과학에서 논문은 최고 형태의 글쓰기입니다. 논문 쓰기는 관심 있는 분야를 선정하고 스스로 연구해서 전문적이고 독창적인 결론을 도출하여 설득력 있게 제시해 사회문제의 해결에 한 걸음 더 나아가는 작업입니다. 학술적 소통의 양식인 논문 글쓰기에 대해 알아보고자 합니다.

논문 글쓰기는 양적연구논문과 질적연구논문의 전개방식이 다르긴 하지만 보통 주제선정 → 서론(연구목적 및 연구방법 및 연구내용) → 이론적 배경 및 선행연구 검토 → 연구방법 → 조사결과 분석 → 결론, 참고문헌 및 부록(설문지)으로 구성합니다.

1) 석사학위 논문 목차 – 원광대학교 도향선 석사학위 논문(양적연구)

<사회복지현장실습이 사회복지실천능력 및 정체성 형성에 미치는 영향>

목 차

제3절 조사도구

제4절 변수정의 및 측정

1. 종속변수

2. 독립변수

제5절 자료 분석 방법

제4장 조사결과 분석

제1절 기술통계 분석

1. 실습생요인

2. 학교요인

3. 실습기관요인

4. 사회복지실천능력

5. 정체성 형성

제2절 독립변수와 사회복지실천능력 및 정체성 형성과의 관계

1. 독립변수와 사회복지실천능력과의 관계

2. 독립변수와 정체성 형성과의 관계

제3절 사회복지실천능력 및 정체성 형성 전후검사 차이분석

1. 사회복지실천능력 전후검사 차이분석

2. 정체성 형성 전후검사 차이분석

제4절 사회복지실천능력 및 정체성 형성 영향요인 분석

1. 사회복지실천능력 영향요인 분석

2. 정체성 형성 영향요인 분석

제5장 결론

제1절 요약

제2절 제언

참고문헌

부록(설문지)

2) 박사학위 논문 목차 - 원광대학교 윤영석 박사학위 논문(양적연구)

<사회복지사의 이직의도 영향요인 연구>

목 차

국문초록

ABSTRACT

제1장 서론

　제1절 연구목적

　제2절 연구방법 및 연구내용

제2장 이론적 배경 및 선행연구 검토

　제1절 이직의도의 개념

　제2절 이직의도 관련이론

　　1. 노동시장분절이론

　　2. 역할이론

　　3. 공정성이론

　　4. 교환관계이론

　제3절 선행연구 검토

　　1. 직무만족 및 조직몰입과 이직의도

　　2. 역할요인과 이직의도

　　3. 조직공정성 요인과 이직의도

　　4. 직무환경요인과 이직의도

　　5. 인구사회학적 요인과 이직의도

　　6. 변수들 간의 관계

제3장 조사방법

제1절 연구모형 및 가설설정

제2절 조사대상 및 자료수집

1. 조사대상

2. 자료수집

제3절 조사도구

제4절 변수의 정의 및 측정

1. 종속변수

2. 매개변수

3. 독립변수

4. 종속변수, 매개변수 및 독립변수의 신뢰도 측정

제5절 자료 분석 방법

제4장 조사결과 분석

제1절 기술 통계분석

1. 독립변수의 특성

2. 매개변수의 특성

3. 종속변수의 특성

제2절 독립변수, 매개변수와 이직의도와의 관계

1. 독립변수와 이직의도와의 관계

2. 매개변수와 이직의도와의 관계

제3절 이직의도 영향요인

1. 전체에 대한 이직의도 영향요인

2. 복지관 유형별 이직의도 영향요인

제4절 소결

제5장 결론 및 제언

제1절 연구결과 요약

제2절 제언

참고문헌

설문지

3) 박사학위 논문 목차 - 원광대학교 심윤무 박사학위 논문(질적연구)

<비취업대상 조건부 수급자의 탈수급 의사결정과정에 관한 근거이론연구>

목 차

국문초록

ABSTRACT

제1장 서론

제1절 연구배경

제2절 연구목적 및 연구문제

제2장 문헌고찰

제1절 비취업대상 조건부 수급자의 개념 및 현황

1. 비취업대상 조건부 수급자의 개념
2. 비취업대상 조건부 수급자 현황

제2절 공공부조 수급자 탈수급 관련 이론

제3절 탈수급 관련 선행연구

1. 조건부 수급자의 자활참여 관련 선행연구
2. 공공부조 수급자의 탈수급 관련 선행연구

제3장 연구방법

제1절 연구설계

제2절 Strauss and Corbin의 근거이론방법

제3절 연구 참여자 선정

제4절 연구자의 준비

제5절 자료수집방법

제6절 자료분석방법

1. 개방코딩

2. 축코딩

3. 선택코딩

제7절 본 연구의 윤리적 고려

제8절 연구방법론에 대한 평가

제4장 연구결과

제1절 연구 참여자의 일반적 특성

제2절 연구 참여자에 대한 기술

제3절 개방코딩 : 근거자료의 범주화

제4절 축코딩

1. 패러다임에 의한 범주분석

2. 과정분석

제5절 선택코딩

1. 핵심범주 : "맞춤형 자활프로그램 부재 속에서 합리적 행동자로 살기"

2. 핵심범주의 이야기 윤곽 전개

3. 가설적 정형화 및 관계 진술

4. 탈수급 의사결정 유형분석

제6절 상황모형

1. 개인적 수준

2. 조직적 수준

3. 국가적 수준

제5장 결론 및 제언

제1절 연구결과 요약 및 논의

1. 결과요약

2. 논의

제2절 정책적 제언

참고문헌

연구참여동의서

4) 학위논문 작성방법

(1) 주제선정 방법

① 관심 있는 분야, 예를 들면 노인복지, 장애인복지, 청소년복지, 사회보험, 기초생활보장, 빈곤문제 등 본인이 관심 있는 분야를 생각해 봅니다.

② 해당 분야 중에서 어떤 내용을 주제로 선정할 것인가를 생각해 봅니다. 해당 분야에 대한 주제선정이 어려우면 대학교 도서관이나, 국회도서관에 들어가서 '주제어'를 타이프해서 기존 논문들을 검토해 보면서 주제선정에 대한 아이디어를 얻습니다.

③ 도서관에서 자료 찾는 방법

(교내접속 : 교내 인터넷이 연결된 컴퓨터를 이용하여 찾는 방법, 여기에서는 원광대학교 중앙도서관 홈페이지를 예시로 사용했습니다)

○ 중앙도서관 소장 자료 찾기

원광대학교 중앙도서관 → 로그인 → USER ID (　　) → PASSWORD (　　) → 소장 자료란의 전체, 단행본, 연속간행물, 학위논문 중 하나를 선택 → 서명 → 저자명 → 출판사에 대한 해당 단어를 타이프 → search 클릭

○ KERIS 학술연구정보서비스(전국대학 소장 자료) 이용방법

원광대학교 중앙도서관 → 로그인 → USER ID (　　) → PASSWORD

(　　　) → KERIS 학술연구정보서비스(제일 아래쪽 움직이는 부분) 또는 도서관 서비스란의 학술정보협의회 클릭 →개별검색(학술지 논문, 학위논문, 단행본, 학술지 중 하나를 선택) → 전체(화살표를 클릭해서 논문명, 저자, 주제어 …… 중 하나를 선택) → (　　　)검색→ (　　　)안에 해당 단어 타이프, 검색 클릭 → 해당 자료를 찾아 클릭

○ 과학기술정보통합서비스(NDSL) 이용방법

원광대학교 중앙도서관 → 로그인 → USER ID (　　　) → PASSWORD (　　　) → 도서관 서비스란의 학술정보협의회 → 과학기술정보통합서비스(NDSL) → 종합검색 화살표를 클릭해서 통합검색, 논문, 연구보고서 중 하나를 선택 → (　　　) 안에 논문제목, 저자 등 원하는 단어 타이프 → 검색 클릭 → 해당 자료를 찾아 클릭

(2) 논문 설계

<기본 사항>

① 논문주제가 선정되면 문헌연구를 할 것인가, 조사연구(research)를 할 것인가를 결정합니다.

② 논문주제가 선정되면 해당 분야의 이론이나 기존 연구를 읽고 분석틀 및 가설을 생각해 봅니다.

③ 분석틀 및 가설의 독립변수, 종속변수, 매개변수, 통제변수 등을 어떻게 설정할 것인가를 생각해 봅니다. 조사연구(research)의 경우는 이때 어떤 통계기법을 사용할 것인가를 생각해 봅니다.

<독립변수의 선정>

① 행위자의 내면적 요인(internal factor)과

② 행위자의 외면적 요인(external factor), 즉 행위자를 둘러싸고 있는 생태체계적인 요인에서 독립변수를 찾도록 합니다.

<이론적 고찰 및 선행연구 검토, 가설 및 분석모형, 질문 항목표(조사도구), 질문지가 일관성을 갖도록 함>

① 이론적 고찰 및 선행연구에서 가설 및 연구(분석)모형을 끌어내고, 가설 및 연구(분석)모형에 맞게 질문 항목 표(조사도구)와 질문지를 작성합니다.

② 질문지에는 연구가설의 독립변수와 종속변수를 측정할 수 있는 문항들만 포함하도록 합니다. 필요 없는 문항들은 통계처리 방법을 염두에 두고 작성합니다.

■ 석사학위 논문 목차 - 원광대학교 도향선 석사학위 논문(양적연구)
<사회복지현장실습이 사회복지실천능력 및 정체성 형성에 미치는 영향>

연구가설 및 분석모형

1. 연구가설

본 연구를 위한 연구가설은 다음과 같다.

첫째, 실습 전과 실습 후의 사회복지실천능력(실천능력의 전문성, 자원활

용능력)에 차이가 있을 것이다.

둘째, 실습생요인(성별, 전공 여부, 학교유형, 성적, 실습에 대한 사전준비도, 사회복지전공 만족도, 실습태도 충실도)은 사회복지실천능력(실천능력의 전문성, 자원활용능력)에 영향을 미칠 것이다.

셋째, 학교요인(실습오리엔테이션 만족도, 지도교수 만족도)은 사회복지실천능력(실천능력의 전문성, 자원활용능력)에 영향을 미칠 것이다.

넷째, 실습기관요인(기관유형, 실습기관 환경, 실습내용 적절성, 슈퍼비전 만족도)은 사회복지실천능력(실천능력의 전문성, 자원활용능력)에 영향을 미칠 것이다.

다섯째, 실습 전과 실습 후의 정체성 형성(자아정체성, 진로결정)에 차이가 있을 것이다.

여섯째, 실습생요인(성별, 전공 여부, 학교유형, 성적, 실습에 대한 사전준비도, 사회복지전공 만족도, 실습태도 충실도)은 정체성 형성(자아정체성, 진로결정)에 영향을 미칠 것이다.

일곱째, 학교요인(실습오리엔테이션 만족도, 지도교수 만족도)은 정체성 형성(자아정체성, 진로결정)에 영향을 미칠 것이다.

여덟째, 실습기관요인(기관유형, 실습기관 환경, 실습내용 적절성, 슈퍼비전 만족도)은 정체성 형성(자아정체성, 진로결정)에 영향을 미칠 것이다.

2. 분석모형

연구가설에 기초하여 분석모형을 작성하면 <그림 3-1>과 같다.

독립변수	
실습생 요인	1. 성별 2. 전공 여부 3. 학교유형 4. 성적(학업성취도) 5. 실습에 대한 사전준비도 6. 사회복지전공 만족도 7. 실습태도 충실도
학교 요인	1. 실습오리엔테이션 만족도 2. 지도교수 만족도
실습기관 요인	1. 기관유형 2. 실습기관 환경 3. 실습내용 적절성 4. 슈퍼비전 만족도

→

종속변수
사회복지실천능력 1. 실천능력의 전문성 2. 자원활용능력
정체성 형성 1. 자아정체성 2. 진로결정

〈그림 3-1〉 분석모형

■ 박사학위 논문 목차 - 원광대학교 윤영석 박사학위 논문(양적연구)
<사회복지사의 이직의도 영향요인 연구>

연구가설 및 분석모형

1. 연구가설

본 연구를 위한 연구가설은 다음과 같다.

첫째, 인구사회학적 요인(성별, 연령, 직위)은 이직의도에 직접적인 영향을 미칠 것이다.

둘째, 역할요인(역할갈등, 역할 모호, 역할과다)은 이직의도에 직접적인 영향을 미칠 것이다.

셋째, 조직공정성 요인(분배공정성, 절차공정성)은 이직의도에 직접적인 영향을 미칠 것이다.

넷째, 직무환경요인(보수만족, 승진기회, 동료와의 관계, 상사와의 관계, 성취감)은 이직의도에 직접적인 영향을 미칠 것이다.

다섯째, 직무만족은 이직의도에 직접적인 영향을 미칠 것이다.

여섯째, 조직몰입은 이직의도에 직접적인 영향을 미칠 것이다.

2. 분석모형

연구가설에 기초하여 분석모형을 작성하면 <그림 3-1>과 같다.

〈그림 3-1〉 분석모형- 경로분석

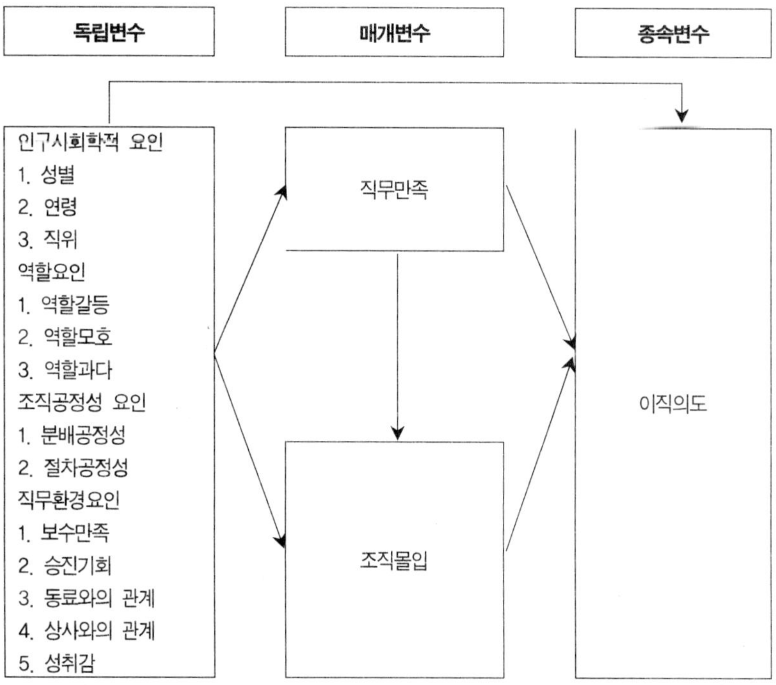

〈이론적 고찰 및 선행연구 검토 기술방법〉

① 이론적 고찰 : 독립변수의 정의 및 관련 이론, 종속변수의 정의 및 관련 이론, 독립변수가 종속변수에 미치는 영향을 설명하는 이론을 기술합니다.

② 선행연구 검토 : 독립변수(독립변수 중 1가지 이상 변수)가 종속변수(종속변수 중 1가지 이상 변수)에 미치는 영향을 다룬 선행연구를 기술하도록 합니다.

"홍길동(2016)은 …… 변수(독립변수 중 1가지 이상 변수)가 …… 변수(종속변수 중 1가지 이상 변수)에 미치는 영향을 분석했는데, …… 변수가 종속변수에 긍정적인 영향을 미치고, …… 변수가 종속변수에 부정적인 영향을 미치는 것으로 나타났다고 설명하고 있다"로 기술합니다.

예 직무만족과 조직몰입 외에 이직의도에 영향을 미치는 요인으로 역할요인, 조직공정성 요인, 직무환경요인 등을 들 수 있다. 역할요인은 이직의도에 직접적으로 영향을 미치기도 하지만 주로 직무만족과 조직몰입을 감소시킴으로써 이직의도를 증가시키는 것으로 설명되고 있으며(김성희, 2001; 김미숙, 2004; 공계순, 2005; 문영미, 2007; 문영주, 2010; 정영주, 2011; 오희경, 2012)…… (중략) …… 있다.

〈이론적 고찰 및 선행연구 검토 기술방법〉

① 설문지 문항은 가설의 독립변수와 종속변수를 파악할 수 있는 문항들만 포함하도록 합니다.

② 설문지 질문문항은 처음부터 끝까지 일련번호로 매기도록 한다.

예 1, 2

③ 일련번호로 매기는 경우 한 변수에 하나의 번호를 부여하도록 합니다. 즉, 한 변수가 5개의 리커트 척도로 구성되어 있는 경우 그 변수가 4번째 변수이면 4-1, 4-2, 4-3, 4-4, 4-5로 번호를 매기도록 합니다.

사회복지사의 이직의도 연구를 위한 설문지
〈양적연구〉

□ - □□ - □□□

안녕하십니까?

무더운 여름, 힘든 여건 속에서도 지역사회 복지증진을 위해 수고하시는 사회복지사 여러분의 건승을 기원합니다. 저는 원광대학교 대학원에서 사회복지학 박사과정에 재학 중인 윤영석이라고 합니다.

이 설문지는 저의 박사학위 논문으로 사회복지실천현장에서 근무하는 사회복지사 여러분의 이직의도를 연구하기 위해 작성된 것입니다. 사회복지사의 이직률이 다른 직종에 비해 높다는 것은 이미 많은 연구와 조사 자료를 통해 나타나고 있습니다. 이에 사회복지사들이 왜 이직의도를 갖게 되며, 이직의도를 줄일 수 있는 방안들은 무엇인지 본 연구를 통해 알아보고자 합니다.

여러분의 개인적 신상과 응답한 내용은 전산으로 처리되어 오직 연구목적으로만 사용됨을 약속드립니다. 본 연구가 사회복지사의 이직의도를 개선하고, 사회복지 조직 관리에 좋은 밑거름이 되기를 바라 마지않습니다.

설문지 작성 중 궁금하신 내용은 아래의 연구자에게 언제든지 문의하시기 바라며, 여러분의 도움에 깊이 감사드립니다.

2011년 8월

·연 구 자 : 윤영석

·지도교수 : 채구묵(원광대학교 사회복지학과)

〈작성요령〉

1. 각 문항에 정답이 있는 것은 아닙니다. 일반적으로 바람직하다고 생각하시는 것을 대답하지 마시고 귀하의 실제 느낌이나 생각을 사실 그대로 응답해 주십시오.
2. 본 설문지는 표지 포함 총 7 매로, 작성하시는 데 약 10 분 정도 소요됩니다.

Ⅰ. 다음 문항들은 귀하의 인구사회학적 특성에 관한 질문들입니다. 해당하는 곳에 √표를 하시거나 괄호 안에 적절한 내용을 기입해 주시기 바랍니다.

1. 성별	① 남_____	② 여_____
2. 연령	(______)세	
3. 직위	① 사회복지사_____	② 선임(대리)사회복지사_____
	③ 팀장 또는 과장_____	

Ⅱ. 다음 문항들은 현재의 직무에 대한 귀하의 만족 정도를 묻는 질문들입니다. 해당하는 곳에 √표를 해주시기 바랍니다.

번호	내 용	전혀 그렇지 않다	그렇지 않은 편이다	그저 그렇다	그런 편이다	정말 그렇다
4-1	전반적으로 나는 지금 현재의 직무에 만족한다.	①	②	③	④	⑤
4-2	나는 지금 현재의 직무에 보람을 느끼고 있다.	①	②	③	④	⑤
4-3	나는 현재의 직무를 수행하는 것이 즐겁다.	①	②	③	④	⑤
4-4	나는 앞으로도 현재의 직무를 계속 하고 싶다.	①	②	③	④	⑤
4-5	나는 현재의 직무에 대체적으로 열성적으로 임한다.	①	②	③	④	⑤

- 끝까지 설문에 응답해 주셔서 감사합니다 -

비취업대상 조건부 수급자 탈수급 의사결정에 관한 근거이론 연구를 위한 연구참여동의서(질적연구)

본 연구는 국민기초생활보장법 비취업대상 조건부 수급자를 대상으로 심층면접을 통하여 탈수급 의사결정에 영향을 주는 요인 및 맥락을 알아보고 탈수급 의사결정에 도움을 줄 수 있는 방안을 마련하고자 합니다. 면접을 통해 연구자는 연구참여자에게 비취업대상 조건부 수급자로 자활사업에 참여하면서 현장에서 느낀 사항, 탈수급 의사결정 등과 관련 경험들에 대하여 질문할 것입니다.

연구자는 앞으로 연구참여자와 최소 1회 이상의 면담을 시행할 것이며 각 면접에 소요되는 시간은 1~2시간 정도이고, 면접 내용은 녹음될 것이며 녹음된 내용은 다른 목적에 사용되지 않으며 본 연구를 위해서만 사용될 것입니다. 한편 최종 보고서에는 녹음된 내용 중 일부분이 익명으로 사용될 것입니다.

지도교수 : 채구묵
연 구 자 : 심윤무(010-****-2801)
소　　속 : 원광대학교 일반대학원
사회복지학과

◎ 나는 면접에 자의로 응할 것과 면접내용을 음성 녹음기에 녹음할 것을 허락합니다.

◎ 나는 연구가 끝난 뒤 녹음된 내용이 지워질 것으로 이해하며, 연구 결과물이 발행되어도 나의 이름이 보고서에 언급되지 않는다는 것을 설명을 통해 알고 있습니다.

◎ 나는 면접 동안 특정 질문에 대한 답변을 거부할 수 있으며, 언제든지 연구에 대한 참여를 중단할 수 있음을 알고 있습니다.

◎ 나는 궁금한 것이 있을 때 언제든지 질문할 수 있고, 연구자의 질문에 성실히 답변해야 함을 이해합니다.

○ 날　짜 :　　　년　　월　　일
○ 참여자 :
○ 연구자 : 심 윤 무

2. 양적연구 글쓰기 vs 질적연구 글쓰기

질적연구는 현상의 체계를 단순하게 만들거나 범위를 제한하려 하지 않고, 복잡한 현상을 '있는 그대로' 개방적인 상태에서 파악합니다. 연구의 체계와 현장의 체계를 최대한 일치시키려고 노력합니다. 현상을 관찰하여 기술할 때 풍부한 정보를 제시해 준다는 장점이 있으나 일반화 가능성이 적다는 단점이 있습니다.

반면에 양적연구는 제한된 체계에서 예외적인 현상들을 배제하고 단순화시켜 연구자가 가설 상에 설정한 관계를 확률적으로 규명하고 연구자가 선택한 변수 이외의 변수는 연구에서 가능한 한 배제하려고 합니다. 또한 실제 외생적인 요인들에 의해 영향을 받고 있는 현장의 체계와 연구의 체계를 분리하여 진행합니다. 체계적이고 객관적인 반면, 미리 설계된 연구체계에서 벗어나는 상황에 대한 정보를 제시하기 어려운 단점이 있습니다.

1) 양적연구 글쓰기

『사회과학 논문작성법』의 저자 정병기는 연구과정과 결과 등이 독창적이며, 이것이 옳음을 뒷받침하는 증거를 제시하면서, 논리를 갖추어 객관적이고 구체적이며 치우치지 않게 쉬운 글로 분명하게 증명하여 독자를 설득하는 글들을 훌륭한 사회과학 논문의 문장이라고 하고 있습니다.

양적연구 석사학위 논문 통계기법으로는 기술통계(집중치 : 최빈값, 중앙값, 산술평균, 분산치 : 범위, 평균편차, 표준편차), T검증(독립변수 : 원인이 한 개–비연속, 종속변수 : 결과가 두 개–연속), F검증(독립변수 : 원인이 한 개–비연속, 종속변수 : 결과가 두 개 이상–연속), 상관관계 분석(독립변수, 종속변수 모두–연속), 카이제곱검정(독립변수, 종속변수 모두–비연속), 다중회귀분석 등이 있습니다.

양적연구 박사학위 논문 통계기법으로는 석사학위 논문 통계기법과 AMOS(Analysis of Moment Structures) 중 경로분석, 구조방정식, 생존분석 등을 활용합니다.

1) 경로분석은 통계학에서 변수들 사이에 인과관계에 대해 알아볼 수 있는 분석 방법을 뜻한다. 통계학에서 주로 직접효과와 간접효과, 총 효과를 얻을 때 사용하는 방법이며, 상관관계분석이나 정준상관분석과 함께 많이 사용된다. 특히 하나의 독립변수, 하나의 종속변수일 경우 상관관계 분석과 유사한 형태를 가지며, 다수의 독립변수, 다수의 종속변수라는 개념 내에서 설명될 때는 정준상관분석과 유사한 결과를 도출한다.
다만, 구조방정식모델과 다른 특징은 관측변수들이 구성하는 잠재변수가 없다는 점이다.

2) 구조방정식(structural equation modeling)은 경로분석, 회귀분석, 요인분석이 합성되어 발전된 통계 방법이다. 구조방정식 모델링의 특징은 직접 측정할 수 없는 잠재변수(latent variable)를 분석에 포함시킬 수 있다는 것이다.

3) 생존분석(survival analysis)은 어떠한 현상이 발생하기까지에 걸리는 시간에 대해 분석하는 것이다. 예를 들면, 생명체의 관찰 시작부터 사망에 이르는 시간, 기초수급자 수급탈피 기간 등을 분석하는 것이 있다.

출처 : 위키백과사전.

2) 질적연구 글쓰기

질적연구에서는 인간의 감정, 사고, 의도와 상호작용을 이해하고자 하기에 양적연구와는 다른 글쓰기 방식이 요구됩니다. 왜냐하면 인간의 의식과 문화, 생활체계를 독자에게 근접하게 표현해야 하기 때문입니다.

『근거이론 접근을 활용한 상담연구과정』의 저자 박승민, 김광수, 방기

연, 오영희, 임은미는 질적연구 글쓰기에 있어 세 가지 고려사항을 저서에서 강조하고 있습니다.

(1) 글쓰기의 절차

① 글쓰기를 시작하기 이전에 연구자는 주된 분석적 이야기를 확실하게 알게 될 때까지 가장 최근의 통합적 도표를 검토하거나 메모를 정렬해야 합니다.

② 작업 가능한 개요를 조합하여, 각 부분을 연결시켜 주는 진술을 써서, 저자가 이론적 이야기의 점진적 발전에 대해 명확히 알도록 합니다.

③ 원고의 구조를 구상합니다. 즉, 서론으로 시작하여 문헌고찰 또는 이론적 배경, 연구방법, 결과(발견된 내용을 중심으로 기술), 결과에 대한 논의, 요약, 결론, 시사점으로 논문목차를 구성합니다.

(2) 글의 내용을 쓸 때 고려할 사항

'전체 연구 과정에서 도출된 매우 복잡한 자료들을 어떻게 잘 정리하여 기술할 것인가?'에 대해 깊은 고민을 가지고 글을 써야 합니다.

① 핵심 주제(범주)가 결정되면 핵심 주제를 잘 보여줄 수 있는 분석 결과물들을 잘 엮고, 연구 참여자의 경험 자료들을 근거로 하여 제시하고 설명하는 것이 중요합니다.

② 구체적인 자료에서 가장 일반적인 주제로 확대되는 귀납적 분석으로 이루어지므로, 이 과정이 잘 드러나도록 쓰는 것이 중요합니다. 예를 들면, 표나 그림 등은 원재료에 대한 충분한 검토와 분석과정에 대한 기술이 충분히 이루어진 후에 적절하게 시각화하여 제시

하는 것이 바람직합니다.

(3) 연구자의 '자신감'이 중요합니다.

① 연구자에게 필요한 자신감이란 '내가 정말 제대로 가고 있는가?', '내가 뭔가 중요한 것을 빠뜨리지는 않았는가?', '내가 정말로 핵심 범주를 밝혀내었는가?', '자료를 충분한 정도까지 상세하게 가지고 있는가?'입니다.

② 이와 더불어 연구자는 공식적, 비공식적으로 자신의 글과 발견물에 대해 전문가로부터의 조언과 자문, 연구 동료들의 의견을 들으면서 점검하는 과정을 꼭 거쳐야 합니다.

질적연구는 사회복지실천현장과 많이 닮아 있습니다. 인간을 이해하는 관점, 사고방식, 진행방법이 그렇습니다. 인간을 이해하는 관점에서는 '지금-여기에'와 '환경 속의 인간을', 사고방식에서는 귀납적이거나 유연한 부분 그리고 개입 방안을 즉각 결정하기 전에 다양한 상황에서 얻은 정보를 주도면밀히 검토한다든지, 진행방법에서는 심층면접, 관찰, 기록 등을 사용하기 때문입니다.

질적연구방법론에는 현상학 연구, 사례연구, 근거이론, 생애사 연구, 담론연구 등 많은 방법이 있지만 우리 현장에서 사용할 만한 방법론은 사례연구와 근거이론입니다. 질적 사례연구는 하나 또는 몇 개의 사례를 중심으로 분석하는 연구방법으로 특정 집단, 사건, 공동체에 대하여 심층적으로 분석이 가능합니다. 근거이론은 사회학자 바니 글래서(Barney G. Glaser)와 안젤름 스트라우스(Anselm L. Strauss)가 실증주의와 상호작용이론을 접목시킨 방법론으로 전개되는 관찰들을 비교함으로써 이론을 산출하는 귀납적 접근이며 과정(예 조건부 수급자 탈수급 의사결정 과정)을 분석하는 데 유용한 방법입니다.

한편 Howard Becker는 글쓰기 시작단계의 어려움을 알고 다섯 가지 지침을 제시하고 있습니다. 첫째, 개요를 작성합니다. 둘째, 본론을 쓴 후에 서론을 씁니다. 셋째, 구체적이고 명확한 서론을 씁니다. 넷째, 무계획적으로 초고를 작성합니다. 다섯째, 일단 생각나는 문장을 씁니다.

Howard Becker의 『사회과학자의 글쓰기』라는 책에서는 글쓰기 구조를 다음과 같이 개요하면 좋다고 조언하고 있습니다.

(1) 글쓰기 시작 단계

① 개요를 작성하라.

② 본론을 먼저 쓴 후에 서론을 써라.

③ 구체적이고 명확하게 서론을 써라.

④ 일단 생각나는 문장을 써라.

⑤ 무계획적인 초고를 작성하라.

(2) 글을 쓰는 단계

① 글의 조직

② 평범한 등장인물을 선택하여 평이한 용어로 서술하라.

③ 문헌을 적절히 사용하라.

④ 컴퓨터를 그만 끝내라.

(3) 퇴고와 편집단계

① 수동태 대신 능동태를 사용하라.

② 간결한 단어를 사용하라.

③ 논점을 구조적으로 강화시켜라.

④ 추상적인 용어보다 구체적 예시를 먼저 사용하라.

⑤ '진부한' 은유를 피하고 '의미 있는' 은유를 사용하라.

제6장

현장에서 직접 활용하는 글쓰기 사례

제6장 현장에서 직접 활용하는 글쓰기 사례

1. 인사말 작성법

존경하는 국민 여러분

오늘 저는 대한민국의 제16대 대통령에 취임하기 위해 이 자리에 섰습니다. 국민 여러분의 위대한 선택으로, 저는 대한민국의 새 정부를 운영할 영광스러운 책임을 맡게 되었습니다.

국민 여러분께 뜨거운 감사를 올리면서, 이 벅찬 소명을 국민 여러분과 함께 완수해 나갈 것임을 약속드립니다.

아울러 이 자리에 참석해 주신 김대중 대통령을 비롯한 전임 대통령 여러분, 고이즈미 준이치로 일본 총리를 비롯한 세계 각국의 경축 사절과 내외 귀빈 여러분께도 심심한 감사를 드립니다.
…… (중략) ……〈서두〉

우리 한반도는 동북아의 중심에 자리 잡고 있습니다. 한반도는 중국과 일본, 대륙과 해양을 연결하는 다리입니다. 이런 지정학적 위치가 지난날에는 우리에게 고통을 주었습니다. 그러나 오늘날에는 오히려 기회를 주고 있습니다. 21세기 동북아 시대의 중심적 역할을 우리에게 요구하고 있는 것입니다. ……〈본문〉 (중략)……

우리에게는 수많은 도전을 극복한 저력이 있습니다. 위기마저도 기회로 만드는 지혜가 있습니다. 그런 지혜와 저력으로 오늘 우리에게 닥친 도전을 극복합시다. 오늘 우리가 선조들을 기리는 것처럼, 먼 훗날 후손들이 오늘의 우리를 자랑스러운 조상으로 기억하게 합시다.

> 우리는 마음만 합치면 기적을 이루어 내는 국민입니다. 우리 모두 마음을 모읍시다. 평화와 번영과 도약의 새 역사를 만드는 이 위대한 도전에 모두 동참합시다. 항상 국민 여러분과 함께하겠습니다. 감사합니다. 〈결말〉
>
> – 2003년 2월 25일 노무현 대통령 취임사 중 일부, 국가기록원

인사말은 형식을 갖춘 예의문으로 사회복지사라면 직장생활을 원활하게 만들어 주고, 사회생활을 영위하는 데 반드시 필요한 업무 프로세스라 할 수 있습니다. 인사말은 축사, 송년사, 신년사, 취임사, 퇴임사, 송별사, 환영사, 대회사, 개회사, 기념사 등 상황과 목적에 따라 다양하게 작성해야 합니다.

인사말의 요건을 보면, 인사말의 기본은 상대방에게 호감을 주고, 상대방에게 폐를 끼치지 않고 편안하게 배려하며, 상대방을 존중해 주는 글로 작성되어야 합니다. 진심 어린 마음이 담긴 짧은 글이면 더욱 좋겠습니다.

2003년 2월 25일 노무현 대통령 취임사를 보면(전문을 다루지는 않았지만) 내빈에 대한 인사, 참석자 소개, 감사의 말, 행사 취지 등의 서두가 있고, 본문에서는 행사에서 전하고자 하는 메시지를 전달하고 있습니다. 마지막으로 이 행사가 열리게 된 것에 감사하는 인사를 하고 끝나는 것을 볼 수 있습니다.

다중(多衆)을 향한 메시지를 전하는 형식인 인사말은 '서두(들어가는 말)—본문(하고 싶은 말)—결말(나오는 말)'로 이어지는 구성이 논리적입니다(임정섭, 2015).

서두 : 내빈에 대한 인사, 참석자 소개, 감사의 말, 행사 취지 등
본문 : 메시지 전달
결말 : 다시 한 번 감사의 인사

이와 함께 '특별한 날의 글쓰기'이기 때문에 특별한 메시지로 작성해야 합니다. 인사말은 개인적인 삶을 투영시킨 글, 인상적인 짧은 글을 통해 전달하면 청중의 기억에 오래 기억될 뿐 아니라 선파력도 상당하다는 것을 느낄 수가 있습니다.

한편 기관장 및 상관의 인사말을 작성할 때 체크해야 할 네 가지가 있습니다(심윤무, 2014).

첫째, 행사, 간담회 등의 개요(목적, 일정, 장소, 주요 참석자, 식순, 결과 등) 조사를 충분히 하였는가?

둘째, 인사말을 말하고자 하는 사람의 의견과 의중을 정확하게 반영하였는가?

셋째, 맞춤법에 맞게 작성하였는가? 인사말을 공개하는 경우가 있기 때문에 국어사전을 통해서 확인해 보아야 합니다.

넷째, 인사말이 긴 경우 호흡을 감안하여 문장의 길이를 조절하였는가? 숨 고르기를 할 시간을 주어야 합니다. 나이 등을 고려하여 글씨 크기도 조절합니다.

마지막으로 인사말 작성 시 참고할 만한 씨앗문장입니다.

1) 인사말

세월이 참 빠릅니다. 이제 며칠 있으면 제가 취임한 지도 2년이 됩니다.

그동안 많은 일들을 해왔다고 자부하지만, 더 해드리지 못해 안타까운 일들도 그만큼 많습니다.

반환점을 돌아가는 이 시점을 다시 시작이라고 생각하겠습니다. 2년 전 시장으로 첫 발을 딛던, 그 첫 마음으로 돌아가 각오와 의지를 새롭게 다지고 광주의 열린 미래를 위해 시민의 힘과 지혜를 모아가겠습니다. …… (중략) ……

저는 늘 복지는 인간의 존엄이고 인권임을 강조합니다. 시민 단 한 사람도 포기되거나 버려져서는 안 된다는 게, 시정의 대 원칙이고 철학입니다. 광주에서 태어나 광주에서 살아가는 이유 하나만으로도 모든 시민과 시민 한 분 한 분의 가정은 행복해야 합니다.

그동안 여러분은 자신의 위치에서 최선을 다해 오셨습니다. 그 힘이 있었기에 저 또한 흔들림 없이 시정을 이끌어 올 수 있었습니다.

마음으로 일하는 사람보다 가슴으로 일하는 사람에게 더욱 큰 울림이 있습니다.

바로 이 자리에 계신 여러분이 그렇습니다. 지역의 그늘지고 응어리진 곳을 살피고 보살펴 오신 여러분들 덕분에 우리 광주가 더욱 따뜻하고 훈훈한 공동체의 길을 갈 수 있습니다.

마음 깊이 존경과 감사의 말씀 드립니다.

- 2016년 광주광역시 윤장현 시장 인사말

(1) 노인대학

안녕하십니까?

(　　　)읍면동장 (　　　)입니다.

만물이 소생하는 봄기운이 가득한 계절에,
노인대학 총회에 참석하게 된 것을
매우 기쁘게 생각합니다.

초대하여 주신
존경하는 (　　　) 노인회장님께
감사의 말씀을 드립니다.

우리는 지금 우리가 누리고 있는
자유롭고 풍요로운 삶은 어르신들의 땀과
눈물이 있었기에 가능했다고 말합니다.

또한 손발이 닳고 허리가 휘도록 일하셔서
우리를 길러주셨고, 오늘날의 자유와 경제적
풍요를 안겨주셨음을 잘 알고 있습니다.

(　　　)읍면동장인 저는,
행복공동체 (　　　)시군구와 (　　　)읍면동을
위해 발로 뛰겠습니다.

또, 지역의 그늘지고 응어리진 곳을 살피고,
보살펴 오신 어르신들이 계셨기에,
우리 (　　　)읍면동이 따뜻하고 훈훈한 공동체로

갈 수 있었습니다.

머리로만 일하는 읍면동장이 아닌,
가슴으로 일하는 읍면동장이 되겠습니다.
마음 깊이 존경과 감사의 말씀드립니다.

이 자리에 참석하신 모든 분들의 건강과
가정에 행운이 항상 가득하시길 기원합니다.

감사합니다.

2) 취임사

존경하는 (　　　)읍면동민 여러분!
그리고 저의 취임을 축하해 주시기 위해
자리를 함께해 주신 내빈 여러분!

저는 (　　　)읍면동민을 살기 좋고
깨끗한 고장으로 만들기 위하여 노력하겠습니다.

저의 30여 년간의 공직의 경험을 바탕으로 읍면동장으로서의
부여된 책무를 성실히 수행하여 여러분의 기억에 남게 할
읍면동정을 수행할 것을 약속드립니다.

저는 (　　　)읍면동을 발전시키기 위하여 다음과 같은 시책을
추진하겠습니다.

첫째, 화합과 단결입니다.
화합과 단결만이 (　　　)읍면동을 발전시킬 수 있는 길이라 생각합니다.
직원과 이통장, 지도자, 부녀회 등이 화합하여야 발전하는 (　　　)을 만들 수 있습니다.
읍면동민과 직원, 이통장, 지도자 등 모든 단체가 화합단결하여 최고의 (　　　)읍면동을 만들겠습니다.

둘째, 시대의 흐름에 맞는 행정을 펼치겠습니다.
읍면동 주민센터는 행정의 최일선에서 읍면동민과 접촉하는 곳으로 투철한 사명감과 시대가 요구하는 행정을 추진하겠습니다.
이를 위하여 공무원은 발상의 전환과 자기개발을 통하여 경쟁에 뒤처지지 않도록 해야 할 것입니다.

셋째, 복지(　　　)을 위한 사업을 지속적으로 추진하겠습니다.
노인, 장애인, 저소득층이 소외되지 않도록 구석구석 살펴서 모두 같이 행복하게 살 수 있도록 하겠습니다.

넷째, 자연재해가 최소화 되도록 하겠습니다.
장마와 태풍, 눈 등 자연재해가 없도록 예방에 주력하는 행정을 추진하겠습니다.

우리 공무원은 각자 맡은 분야에서 프로가 될 것을 요구합니다. 21세기 다원화사회에서 경쟁력을 키우기 위해서는 공무원사회가 유연하고 열린 사고를 가져야 합니다.
공직자 스스로 변화의 한복판에 서야 합니다.

이제는 공직자도 자율과 창의를 토대로 능률을 높이고
성과를 올려야 한다고 생각합니다.

존경하는 (　　　)읍면동민 여러분!
"힘은 희망을 가지고 있는 사람에게 있고,
용기는 가슴속의 의지에서 우러나온다"는 말이 있습니다.
저는 앞서가는 (　　　)읍면동을 만들기 위하여 그동안 구상하고
계획했던 일들을 실천하고자 합니다.
30년 공직경험과 능력을 모두 (　　　)을 위하여 쏟아 놓겠습니다.

여러분의 적극적인 참여와 지혜가 어우러질 때
비로소 빛을 발할 수 있습니다.
저는 (　　)읍면동민 여러분을 믿고 오늘부터 힘차게 시작하겠습니다.

감사합니다.

3) 이임사

감사합니다.

이 자리에 모이신 여러분과 마음으로 함께한 5만 회원님 덕분에 광주광역시사회복지사협회 회장 3년 임기를 잘 마쳤습니다. 저는 2013년 2월에 "사회복지사의 권익을 옹호하는 강한 협회"를 만들겠다는 공약으로 당선되었습니다.

"세상을 바꾸는 사회복지사-이용교"는 사회복지사의 권익을 옹호하

고, 협회를 민주적이고 투명하게 운영하며, 사회복지사를 위한 전문화된 교육훈련을 실천하고, 스마트한 소통으로 관련 기관단체와 협력하여 "행복한 광주복지공동체"를 구축하겠다고 약속했습니다.

광주사회복지사협회는 회원, 대의원, 운영위원, 임원 여러분의 적극적인 참여로 민주적 지도력을 확립하고, 사회복지사의 처우개선과 지위향상을 위해 애쓰며, 보수교육과 특화교육을 통한 역량강화를 성공적으로 이행했습니다.

- 2016년 광주광역시 사회복지사협회 이용교 회장 인사말

4) 송년사

안녕하십니까?

오늘로서 올해의 일을 모두 끝내고, 내일부터는 연말연시 휴가로 들어갑니다.

무엇보다도 이렇게 여러분과 함께 무사히 올해의 유종의 미를 거둘 수 있게 된 것을 기쁘게 생각하며, 1년 동안 열심히 맡은바 직분을 다해 주신 여러분께 진심으로 감사드립니다.

…… (중략) …….

정말 수고 많이 하셨습니다.

5) 발간사

사회복지실천현장에서 사회복지사들이 가장 많은 시간과 전문성이 투여되는 것이 사례관리 실천이라 해도 과언이 아닐 것입니다.

수많은 지역의 주민들에게 전문적인 도움을 제공하기 위해 이른 아침부터 저녁까지 지역의 골목골목을 돌아다니면서 실천하는 사회복지사들의 노고가 있기에 행복한 지역의 모습을 상상할 수 있는 것이라 생각해 봅니다.

장안종합사회복지관에도 이러한 실천을 주도하고 있는 사례관리팀이 있습니다. 그리고 그러한 사례관리 실천을 체계화(system)하기 위해 사례관리 행정매뉴얼, 사례관리 서비스 맵, 위기사례 지원 사업 지침 등 다양한 고민들을 정리하고 합의하는 과정을 통해 …… (중략) …… 이 책을 발간하게 되었습니다.

- 2014년 장안종합사회복지관 김용길 관장

6) 연설문

친애하는 여성 여러분, …… (중략) ……

무엇보다 중요한 것은 우리 사회 전반에 양성평등을 사회적인 가치와 문화로 정착시켜 나가는 노력입니다. 여성에 대한 뿌리 깊은 편견과 차별의 풍토가 아직도 여성의 사회진출을 가로막는, 보이지 않는 진입 장벽으로 남아 있기 때문입니다.

따라서 '양성평등, 새로운 문화의 시작'이라는 이번 여성주간의 주제에는 매우 큰 의미가 담겨 있습니다. 저는 이번 여성주간이 남성 중심적인 문화 속에서 놓치고 있었던 여러 가지 여성문제들을 제대로 살펴보고 풀어나갈 수 있는 뜻깊은 계기가 되기를 기대합니다.

- 2003년 7월 4일 여성의 날, 노무현 대통령 연설문 중 일부, 국가기록원

7) 감사의 글

이 논문이 완성되기까지 많은 분들의 도움이 함께했었습니다.

그동안 도움을 주신 분들에게 지면을 빌어 감사의 마음을 전합니다.

먼저 박사과정의 처음부터 논문의 끝까지 어려움과 고난의 과정을 이겨낼 수 있도록 항상 따뜻한 격려와 명철함으로 지도해 주신 채구묵 교수님께 깊은 감사를 드립니다. 논문지도를 받으면서 느낀 것은 교수님은 그 자체가 촛불이라는 것입니다. 제자의 두 눈이 밝음에 트일 때까지, 어둠이 다할 때까지 스스로를 다하여 타오르는 하나의 촛불이셨습니다. 진심으로 존경과 감사를 드립니다.

부족한 제자를 따뜻하고 애정어린 지도로 정성을 다해주시고 바쁘신 중에서 기꺼이 심사위원장을 맡아주신 서윤교수님과 저의 부족한 논문을 한층 더 격을 갖출 수 있도록 아낌없는 조언과 가르침을 주신 오세영 교수님과 조인주 교수님께도 머리숙여 감사드립니다. 그리고 늘 든든한 후원자이시며 은사님이신 하승민 교수님, 이 자리를 빌어 진심으로 깊은 감사의 마음을 전합니다. 어머니의 마음으로 늘 따뜻하게

격려해 주셔서 많은 힘이 되었습니다. 또한 제게는 다소 벅찬 연구방법론이었지만 질적연구 학습과정에 참여할 수 있도록 허락해 주신 천정웅 교수님, 교수님이 계셨기에 질적연구를 시작할 수 있었습니다. 감사드립니다.

파이팅을 외쳐주며 격려해 주었던 동생들, 자신들의 인생을 자식을 위해 평생을 바치신 아버님·어머님, 때론 친구처럼, 때론 인생의 선배처럼 아들처럼 생각해주시고 항상 제 편에서 큰사랑과 격려를 아끼지 않으신 장인어른과 장모님께 진심으로 깊은 감사를 드립니다.

무엇보다도 석사부터 박사까지 십년의 긴 세월동안 공부와 논문에 열중하느라 남편으로서 그리고 두 아들의 아빠로서의 역할에 소홀하여도 불평 한마디 없이 믿어주고 뒷바라지를 해준 사랑하는 나의 아내 황혜영, 든든한 첫째 아들 동우, 귀엽고 사랑스러운 둘째 아들 동연에게 미안하고 고맙다는 말을 전합니다.

기억력과 이해력이 좋지 않고 글재주가 없는 제자를 빛나게 해주신 지도교수님께 다시 한번 감사의 말씀을 드립니다. 스승님의 말씀 "사람은 향기가 나야한다. 목표를 세웠다면 끝까지 가봐야 한다. 산 정상에 오르지 않고 초입부분의 풍경만 보고 모든 산을 말해서는 안 된다. 무엇보다도 동행하여야 한다"를 새겨들으며 살겠습니다.

논문과정 기간 동안 참 많은 것을 배웠습니다. 이제 배운 지식을 실천하고자 합니다. 사회복지는 실천학문이기 때문입니다. 힘없고 어려운 사람들의 처지와 형편을 생각하는 사람이 되겠습니다. 또한 이제 연구를 할 수 있는 역량을 가지게 되었으니 사회복지 발전을 위해 일익을 담당할 수 있는 사람이 되겠습니다.

마지막으로, 저의 연구에 참여해 주신 지역자활센터 참여자분들께 다시 한번 감사의 마음을 전합니다. 처음 만난 사이임에도 솔직하게 자신의 깊은 이야기를 해 주셨습니다. 그리고 연구에 협조해주신 최영진 센터장님과 그 외 여러 지역자활센터 실무자 선생님들께 감사드립니다.

8) 한글대학 학사보고

안녕하십니까?
(   ) 행정복지센터 한글대학 명예학장 (   )입니다.

지방정부 역할이
주민이 무엇인가를 할 수 있도록
지원하고 응원하는 것이라면

따뜻한 행복공동체 (   ) 사업은
지방정부의 역할 중에 가장 충실한 사업이 아닌가
생각해보면서 학사보고를 드리겠습니다.

우리시군구 역점시책인
따뜻한 행복공동체 (   )은
우리시군구 홀몸어르신 8,500여 명 중 희망하시는 분들이 함께 기거하면서 생활하는 공간, 그리고 마을주민들의 건강 상담과 증진을 책임지는 공간,
마지막으로 한글대학 및 마을도서관 운영 등의

평생학습공간으로 만들고자 추진하고 있습니다.

작년 첫 발을 디딘 한글대학이
단순히 글자만을 배우는 것이 아니라
시대적 환경으로 인하여 배움의 길을 가지 못했던
어르신들의 한을 보듬어주는 정서적인 역할까지
한 결과라고 생각됩니다.

평생 사랑이라는 선물을 주신 여기 계신 부모님
이제는 저희가 보살펴 드리겠습니다.

언제나 든든하게 곁에 있어 주십시오.

2. 기획서 작성법

어제의 나보다 오늘의 나를 위해,
오늘의 나보다 내일의 나를 위해,
또한 조금이라도 좋은 곡을 쓰기 위해,
나는 끊임없이 새로워지고 싶다.

- 히사이시 조의 <나는 매일감동을 만나고 싶다> 중에서

머리로 일하는 사람보다 가슴으로 일하는 사람에게 더욱 큰 울림이 있습니다. 지역사회의 그늘지고 응어리진 곳과 당사자를 살피고 보살펴

온 사회복지사가 있기에 우리는 따뜻하고 훈훈한 공동체의 길을 가고 있는 겁니다.

하지만 가슴으로만 일해서는 안 됩니다. 사회복지실천에서 강조하고 있는 실천은 가슴과 머리가 함께 가야 한다고 말하고 있습니다. 여기서 머리는 구조화되고 정형화된 조직에서 일하는 사회복지사의 일상적인 업무가 아닌 새로운 일을 구상해 보는 것입니다. '머리'에 해당하는, 즉 업무혁신을 이루는 일이 바로 '기획'입니다.

기획을 세우고 실행하는 일이 그리 쉽지만은 않습니다. 왜냐하면 우리 사회복지조직의 현실은 기획의 그레샴 법칙(Gresham's law of planning)이 강력하게 작용하고 있기 때문입니다. 그레샴 법칙이란 기획업무를 담당하는 사회복지사가 무형석, 창조적, 쇄신적, 비정형적인 문제를 무시하고, 구조화되고 정형화된 일상적인 기획에 더 치중하는 현상을 말합니다.

그렇다면 어떠한 이유로 기획의 그레샴 법칙에서 벗어나지 못할까요? 꿈꾸는 사회와 사람의 모습을 그리지 못한 채 일만 하기에, 마땅히 해야 하는 일은 생각조차도 못하고 하루하루 살아냄이 급급하기에, 자원이 부족하기에, 인사이동에 한계가 있기에…… 많은 이유가 있을 것입니다.

학습과 새로운 생각 없이 진보는 없습니다. 내가 태어나고 자란 이 지역사회에 누구나 정붙이고 살 만한 곳이게 만들 새롭고 유용한 기획이 필요합니다. 빠르게 이웃과 인정이 사라져 지역사회가 삭막해지는 속도를 따라잡기에는 부족한 이 현실을 어떻게 하면 해결할 수 있을까요? 지역사회를 통째로 만나 변하게 하는 시도가 있어야 합니다. 주어진 과제를 해결하는 일상적인 과업이 아닌 새로운 기획이 필요합니다.

올해는 올해 사업을 진행하면서 내년 사업 궁리하는 때입니다. 새로운 기획은 올해 9월부터(정부 본예산 확보도 9월 이전에 준비) 준비해야 합니다.

현장에서 이루어지는 두 개의 일정표

<table>
<tr><th></th><th>…2016년 7월</th><th>8월</th><th>9월</th><th>10월</th><th>11월</th><th>12월</th><th>2017년 1월 …</th></tr>
<tr><td>2016년
사업흐름</td><td colspan="3">2016년 사업진행기간</td><td colspan="3">2016년 사업 마무리기간</td><td></td></tr>
<tr><td>2017년
사업흐름</td><td></td><td></td><td colspan="4">2017년 사업 구상하고
계획하는 기간</td><td>2017년 사업 시작</td></tr>
</table>

출처 : 구슬 꿰는 실, 사회사업가 김세진.

사회복지사 김세진 선생님은 '복지관 사업 흐름 우리 실천에는 이렇게 두 개의 일정표가 있다'고 말하고 있습니다. 그러면서 '올해 9월은 올해 사업을 진행하는 때지만, 내년 사업을 위한 준비(욕구조사와 자원조사, 계획수립) 시간이기도 하다'라고 말하고 있습니다. 올해 사업의 결과보고서를 토대로 내년 사업을 구상하고 이를 관리자에게 보고합니다. 매번 시키는 일, 당면 업무만 하는 게 아니라 먼저 내년에는 이렇게 일해보고 싶다고 적극적으로 제안해 보시길 바랍니다. 늘 시키는 일만 하는 사회복지사에게 미래는 없습니다. 직업인으로서의 봉급생활자로 존재하게 됩니다.

적극적으로 다음 해 사업을 준비해 왔고 이렇게 해보고 싶다고 제안하십시오.

사회복지현장에서 이러한 시도(기획)가 이루어질 때 심장이 뛰는 것을 느낄 수 있습니다. 심장이 뛰는 일을 자주 하십시오. 그런 일이 반복되고 지속될 때 우리 조직의 비전제시와 역량강화는 물론 우리의 영혼도 더욱 숨 쉬고 좋아합니다. 매일 똑같은 길을 걸을 때 설렘은 없습니다. 가보지 않은 새로운 길을 걸어갈 때 설렙니다. 가슴이 먼저 아니까요.

한편 계획(plan)과 기획(planning)은 다릅니다. 계획은 예년과 큰 차이 없이 진행하고, 시간구조(time table)를 짜는 일이라면, 기획은 새롭고 유용한 기획을 짜는 빅 아이디어(big idea)를 내는 일입니다.

기획의 유형에는 단기기획과 장기기획 그리고 전략기획과 운영기획이 있습니다. 첫째, 단기기획은 1년 미만의 기간에 걸친 프로그램 기획으로 구체적이고 행동지향적인 성격이 있습니다. 둘째, 장기기획은 1년 이상 5년, 10년 또는 그 이상에 걸친 기획으로 주기적으로 조직목적과 목표를 재설정해야 하는 성격이 있습니다. 셋째, 전략기획은 조직의 목표달성을 위해 자원을 획득·사용·분배를 위해 정책을 결정하는 과정입니다. 넷째, 운영기획은 획득한 자원을 잘 운영하고자 하는 기획을 말합니다(심윤무, 2014년).

『심플, Simple』의 저자 임정섭은 기획의 스타이론을 주장하고 있습니다. 스타이론(STAR Writing)은 별을 그리며 완성해 가는 저자만의 기획서 공식입니다.

기획의 스타이론(One Page Proposal by STAR Writing)

- 1단계 Sketch problem : 문제점 나열 예 별의 꼭짓점에서 드러난 문제
- 2단계 Throw think : 생각 던지기 예 브레인스토밍, '생각 던지기, 즉 마구쓰기' 등
- 3단계 Arrang idea : 아이디어 정리
- 4단계 Research market : 시장조사 예 실현 가능성, 수익모델인지, 예산 및 인력
- 5단계 Writing plan : 기획서 작성 예 기획목적, 현황분석, 핵심 내용, 추진전략, 기대효과

복지기획이 필요할 때, 한 번쯤은 별을 그려가며 완성해 가는 스타이론(STAR Writing)을 활용해 보시길 바랍니다.

사회복지사는 꽃이 피질 않을 걸 알면서도 척박한 땅에 꽃씨를 뿌릴 줄도 알아야 합니다. 그뿐 아니라 사회적 약자가 체감하는 기획(planning)도 세울 줄 알아야 합니다. '아는 것이 힘이 아니라 실천하는 것이 힘'입니다.

3. 한 페이지 보고서 작성법

2005년 포스코를 비롯한 일류기업들이 일하는 방식을 바꾸었습니다. 그것은 바로 '보고서는 무조건 한 장'으로 바꾸자는 것입니다. 소위 '워크 스마트(work smart)'로 일하는 방식을 개선하여 실행력을 높이자는 것입니다(심윤무, 2014).

원 페이지(one-page) 보고서란 보고서를 한 장으로 작성하는 것을 말합니다. 핵심만 간단명료하게 분석해 보고자는 작성시간을 줄이고 상사는 보고받는 시간을 줄이자는 취지입니다.

사회복지조직의 보고서는 세 종류로 분류합니다. 일반형 보고서와 문제 해결형 보고서, 기획보고서가 있습니다.

첫째, 일반형 보고서는 회의, 출장, 교육 등을 보고하는 것으로 핵심문장, 보고배경, 보고대상, 의견, 참고자료 등으로 구성합니다.

둘째, 문제 해결형 보고서는 문제를 해결하려는 검토보고서로 제목, 사업설명, 법적 근거, 추진상황, 문제점, 검토사항 등으로 이루어집니다.

셋째, 기획보고서는 아이디어와 해결대안을 제시하는 것으로 제목, 제안배경, 제안 내용, 실행방안, 기대효과 등으로 구성하여 보고합니다.

한편 기획보고의 또 다른 형식은 제목, 현상 및 배경, 목적 및 목표, 대책 안(案) 등이 있습니다.

첫째, 제목입니다. 기획보고서에 대한 관심과 평가는 제목에서 결정이 됩니다. 따라서 제목에 신경을 써야 합니다. 이때 제목은 목적과 과제가 포함되어야 하며 부사, 형용사를 사용하지 않는 것이 좋습니다.

둘째, 현상 및 배경입니다. 현상 및 배경은 환경 분석(SWOT)에서 탄생합니다. S는 Strength(강점), W는 Weakness(약점), O는 Opportunities(기회), T는 Threats(위협)입니다. 내부와 외부 환경에는 어떤 것이 있고, 그 환경 속에서 어떤 문제점을 해결해야 하는가를 판단해야 합니다.

셋째, 목적 및 목표입니다. 목적과 목표는 다릅니다. 목표는 목적을 이루는 데 유효해야 하고 또한 목적을 이룰 수 있을 만큼 충분히 포괄적이어야 합니다. 목적은 목표들을 종합하면 이룰 수 있을 만해야 합니다. 목표들에 비추어 볼 때 그럴 만한 수준의 목적이어야 합니다. 주제넘게 비약하거나 허황하면 안 됩니다(한덕연, 2013). 예를 들면, 복지서비스의 효율적 생산과 유통이 목적이라면 복지정보서비스 접근성 제고, 시민복지활동 활성화 등은 목표입니다.

넷째, 대책 안(案)입니다. 한눈에 보고서의 내용을 이해할 수 있도록 지면을 만듭니다. 전체 이미지를 임시, 긴급, 근본, 영구 등의 시간개념을 담으면 더욱 좋습니다. 『지금 당장 기획부터 공부하라』 저자 박경수는 많은 분량의 보고서는 시간을 낭비하게 하는 요인이며, 최고결정권자의 의사결정 타이밍을 놓치게 하는 요인이 될 수 있다고 말하면서 원 페이지 보고서를 추천하고 있습니다.

한 장짜리 보고서에도 스토리를 담아야만 합니다. 원 페이지 보고서를 잘 관리하면 실행력을 높일 수 있습니다. 하지만 모든 보고서를 한 페이지로 해버린다면 오히려 역효과를 가져올 수 있습니다. 상사들은 구체적인 내용, 세부내용, 정확한 분석결과 등을 원할 수 있기 때문입니다. 따라서 환경, 규모, 기술, 과업에 맞게 적절하게 활용하면 좋습니다.

기관에 관리자로 근무하는 선임 사회복지사들은 서투른 후배 사회복지사가 뭔가를 하다가 실패를 해도 박수를 보내주시길 바랍니다. 실패의 축적이 성공으로 가는 길이 됩니다. 씨앗을 뿌려야 꽃이 피고 열매를 맺을 것이 아니겠습니까. 실패했다고 질책하지 마십시오. 우리 사회복지사들이 하는 일들 중에 그렇게 질책받을 일은 없다고 생각합니다.

4. 보도자료 작성법

남에게 알려지지 않은 새로운 정보를 뉴스(news)라 합니다. 동서남북에서 일어나는 사실들을 전달하는 뉴스는 기사(보도자료)라고도 합니다. 기사는 의도하고자 하는 사실을 직접 전달하는 스트레이트 기사와 칼럼 따위의 주장을 실은 의견기사, 특정 이슈에 대하여 일정 기간 계획을 짜고 취재한 글을 실은 기획기사로 구분합니다.

제목, 리드, 본문(육하원칙)으로 구성되는 기사의 특징은 간명하고 함축적인 제목, 구어체, 사건(사안)의 의미와 중요성 강조, 완결성을 지닌 첫문장, 역(逆)피라미드 형식의 본문, 과장하지 말고 진실에 충실히, 독자 입장에서 쉽게 쓰기, 육하원칙에 따라, 핵심이 무엇인지 분명하게, 단문의 문장, 코멘트 따기, 현장감 있는 사진 등입니다(심윤무, 2014 충북대학교 영자신문사).

첫째, 함축적인 제목입니다. '천혜의 햇빛촌, ○○곶감 축제 가자' 신문기사 제목으로 어떻습니까? 기사에서 중요한 것은 역시 제목입니다. 기사제목만 봐도 한눈에 상황과 스토리가 연상이 되어야 합니다.

둘째, 구어체가 편하게 다가갑니다. 글쓰기도 그렇지만 신문기사도 말을 하듯 글을 쓰는 것이 독자들에게 널리 읽혀집니다. 한자어, 외래어, 문어체 등을 남발해 작성하면 내용이 어려워져 가독성(readability)이 떨어집니다.

셋째, 사건의 의미와 중요성입니다. 기사는 사실전달이 중요합니다. 하지만 우리가 치루는 행사들은 사건보다는 이 사건에 대해 주변 사람들이 관심을 가졌으면 하는 것들입니다. 그러기에 핵심 문장도 중요하지만 자세한 설명도 해주는 것이 좋습니다.

넷째, 첫 문장은 완결성을 지녀야 합니다. 첫 문장은 리드(lead)라고 부릅니다. 첫 문장에서 하고자 하는 말, 전체의 내용, 흐름이 한눈에 들어오도록 작성해야 합니다. 특히 기획기사의 경우는 '독자의 호기심을 끌어내기 위해서 첫 문장이 중요하다'고 할 수 있습니다.

다섯째, 본문은 역(逆)피라미드 형식으로 작성합니다. 기사는 가장 중요한 정보를 먼저 쓰고 뒤로 갈수록 덜 중요한 내용을 나열하는 방식을 활용하는데 이 방식을 역(逆)피라미드 형식이라고 합니다.

여섯째, 과장 No, 진실 되게 써야 합니다. '최고의 행사이다'처럼 '최고의', '최초의' 같은 형용사나 수식어를 남발하거나 주관적인 판단 등이 들어가는 기사는 신뢰성을 떨어뜨립니다.

일곱째, 독자의 입장에서 쉽게 써야 합니다. 사자성어나 속담은 될 수 있으면 활용하지 않는 것이 좋습니다. 또한 전문용어도 꼭 필요한 경우를 제외하고 될 수 있으면 피해야 합니다. 쉽게 써야 합니다. 그리고 글이 대중의 삶과 어떤 관련이 되는지 또는 영향을 미칠지에 대해서도 고민해 봐야 합니다.

여덟째, 기사의 기본 육하원칙에 따라 씁니다. 다 아시지요? '누가, 언제, 어디서, 무엇을, 어떻게, 왜'라는 여섯 가지 원칙이 들어가야 합니다.

아홉째, 기사의 핵심 내용이 분명하게 나타나야 합니다. 죽 나열만 하는 나열식 기사는 지루하기 짝이 없습니다. 생생하고 상세하게 작성해야 합니다.

열째, 문장은 단문으로 써야 합니다. 접속사를 많이 쓰지 않도록 합니다. 그리고, 그래서, 또한, 반면에, 한편 등 접속사를 많이 쓰게 되면 주어, 동사가 흐트러지게 되고 문장이 눈에 들어오지 않습니다. 문장은 짧고 명료하게 써야 합니다.

열한째, 신뢰성을 높이기 위해 코멘트를 활용합니다. 인물의 코멘트 "○○복지관 관장 ○○○는 ……"과 같이 이름과 직책, 소속을 밝히면 좋습니다. 특히 그 지역을 대표하는 인물이거나 전문적 식견을 가진 인물일 경우 신뢰성을 높일 수 있습니다.

열둘째, 사진은 중요합니다. 사진이 빠진 기사는 김빠진 콜라처럼 맛이 없습니다. 생동감 있는 사진을 첨부하면 기사를 홍보하는 데 효과적입니다. 여기서 주의해야 할 것은 참조사진이 기사의 내용과 연관성이 있어야 합니다. 또한 그래픽이나 연도별 추세를 나타낸 도표를 활용하는 것도 눈에 띄게 전달할 수 있는 한 방법입니다.

무엇보다 중요한 것은 시의적절해야 한다는 것입니다. 너무 빠르거나 너무 늦어도 기사는 생명력을 잃어버립니다.

5. 칼럼쓰기

1,000자 내외로 작성하는 칼럼은 관심 있는 주제에 대하여

주장과 근거를 가지고 나의 생각을 논증적으로 전달하는 글쓰기입니다. 주장과 근거를 가지려면 핵심 메시지를 구축한 다음 다양한 재료와 버무려서 전달해야 합니다.

『최고의 글쓰기 연습법, 베껴 쓰기』 저자 송숙희는 칼럼쓰기 5단계를 주장하고 있습니다.

- 칼럼쓰기 1단계 : 칼럼 아이디어 구성하기
  (칼럼을 쓰는 목적, 무엇에 대한 내용, 제시하는 해법, 기대반응)
- 칼럼쓰기 2단계 : 아이디어를 설득하기
  (속 시원히 친절하게 주장하고 설득하는 칼럼의 개요 짜기)
- 칼럼쓰기 3단계 : 속 시원히 쉽게 친절하게 표현하기
- 칼럼쓰기 4단계 : 고쳐 쓰기
- 칼럼쓰기 5단계 : 발행하기

서울 정원여자중학교 정형근 교사의 『표절과 패러디 사이』 칼럼은 잘 쓴 칼럼입니다. 왜냐하면 독자의 눈길을 끌 만한 내용을 글의 앞부분에 배치하였고, 핵심 주제를 바탕으로 다양한 근거를 주장(해법제시 등)하고 있기 때문입니다.

≪표절과 패러디 사이≫

요즘 신문이나 인터넷 기사로 올라온 신경숙 작가의 표절 논쟁을 보면서 이 일화가 떠올랐다. 사실 예술작품에서 표절과 패러디를 구분하는 것은 쉽지 않다. 김상용 시인의 시 '남으로 창을 내겠소'의 마지막 구절 '왜 사냐건 웃지요'는 중국의 시선이라 불리는 이백의 '산중문답'의 '그대 왜 산 속에 사느냐고 묻지만, 나 웃을 뿐 대답 않으나 내 마음 한가로워'라는 구절과 유사하다. 또한 미국의 팝아트 작가인 앤디 워홀

이 메를린 먼로의 그림을 배치한 것을 두고도 그것이 창작품인지 아닌지 아리송하다. 그만큼 표절과 패러디 사이의 경계를 명확히 가르기는 어렵다.

창작 분야가 아닌 학문 분야에서는 내 생각이 아닌 다른 사람의 생각을 인용이라는 장치를 통해 나의 글에 넣을 수 있다. 그렇다면 왜 창작 분야에서만 유사한 부분이 조금이라도 있다면 표절이라고 문제를 제기하는 것일까.

아마도 창의성이나 새로움, 개성, 색다름이 바로 창작의 핵심이기 때문이다. 수많은 사람들이 밤새 글을 썼다가 어디선가 본 듯한 유사함이 있고 스스로 참신하다고 생각하지 않을 때 글쓰기를 멈추고 썼던 글을 휴지통에 버리고 마는 것이다.

하지만 여전히 우리 사회는 표절과 패러디의 구분이 분명하지 않다. 그렇지만 자신의 예술 행위가 표절인지 아니면 패러디인지는 그것을 쓴 작가는 알고 있을 것이다.

…… (중략) ……

문단에서 표절에 대한 기준을 마련한다고 한다. 이번에 마련한 기준이 표절 논란을 잠재울지는 두고 볼 일이다. 하지만 이미 신경숙 소설에 대해 15년 전부터 문제 제기가 있어 왔는데도 문단 내부에서 이 문제를 해결하지 못한 것을 보면 외부의 감시가 있어야 할 것으로 생각한다. 그 외부의 감시는 경찰이나 검찰과 같은 사법기관이 아니라 다양한 측면에서 접근하고 검토할 수 있는 언론이 돼야 한다.

문학 권력에 대한 긴급진단(서울신문 6월 24~26일자)을 통해 문제의 심각성을 진단했던 서울신문에서 기준이 마련될 때까지 관심을 가지고 지켜봐 주었으면 한다. 표절의 문제는 이런 의견도 있고 저런 의견도 있는 논쟁의 문제가 아니라 남의 생각이나 개성을 훔치는 잘못된 행위이기 때문이다.

출처 : 서울신문, 2015년 7월 8일, 옴부즈만 칼럼.

≪사설, 해설과 칼럼의 차이≫

사설은 해당 언론사의 공식적 의견을 밝히는 글이다.

일반적으로 서론(사안설명, 제시), 본론(문제점 제시), 결론(주장) 등으로 나누거나 기승전결의 형식을 갖추어 쓰는 게 보통이다.

따라서 다소 딱딱한 문체로 정색을 해서 쓰는 경우가 많다.

그러나 칼럼은 필자 개인의 의견이다.

경우에 따라서는 그렇지 못한 때도 있지만 대개 개인 의견을 개성 있게 표출할 수 있다. 그리고 사설에 비해서는 비교적 자유로운 형식으로 글을 쓸 수 있다. 따라서 필자의 개성과 소신, 멋이 살아날 수 있는 특징을 지니고 있다.

해설은 어떤 사안에 대한 스트레이트 기사를 쓴 후 이에 대한 배경과 원인, 동기, 국민에 미치는 영향, 문제점 등을 보충 설명해 주는 글이다. 스트레이트 기사에서 다 풀지 못한 국민들의 정보

욕구를 충족시켜 주는 것이다.

출처 : 김광섭(언론인. 전 중앙일보 편집국 부국장).

한편 박승환 칼럼니스트는 '칼럼은 논술과 수필의 중간 정도로, 지나치게 논리적으로 흘러서도 안 되고, 논지가 분명하지 않은 채로 넘어가서도 안 된다'고 말하면서, 칼럼 쓰는 방법에 대해 일곱 가지로 제시하고 있습니다.

첫째, 논지가 분명해야 합니다.

둘째, 독자가 유연하게 접근할 수 있어야 합니다.

셋째, 자신의 경험이나 예를 절반 혹은 절반 조금 넘게 배치하는 것이 좋습니다.

넷째, 독자의 눈길을 끌 만한 내용을 글의 앞부분에 배치하는 것이 좋습니다.

다섯째, 문투는 지나치게 화려하지 않고 지나치게 건조하지 않은 중간을 유지하는 것이 좋습니다.

여섯째, 문장은 길지 않고 간결한 것이 좋습니다.

일곱째, 어느 부분이 일화나 인용이고 글쓴이의 생각 부분인지 분명하게 구분하고 기술해야 합니다.

칼럼 쓰기는 특정 주제에 대하여 수사적으로 빼어나거나 폼 나는 글을 쓰는 것이 아니라, 공정한 시각과 올바른 역사의식, 넓은 식견을 가지고 자신의 의견을 뚜렷하게 제시하는 것이 바람직합니다.

칼럼쓰기를 잘 하려면 우선 책을 많이 읽어야 합니다. 인생을 살면서 공부하지 않으면 진보가 없습니다. 공부만이 평범한 사람을 위대하게 만드는 길이 될 수 있습니다. '위대한 평민'으로 살아야 합니다.

또한 다른 사람의 칼럼을 많이 읽고, 필사(筆寫) 해야 합니다. 일 년 이상 칼럼 베껴 쓰기를 꾸준히 진행한다면 어휘력, 맞춤법, 띄어쓰기, 서술능력 향상은 물론 글이 잘 읽혀진다는 것을 느낄 수 있습니다. 또한 5단락 1,000자 내외의 칼럼을 한 자 한 자 적어나가다 보면 뇌가 뜨겁게 달아오릅니다. 이러한 생산적 지적 생활이야 말로 인간만이 누릴 수 있는 권리이고 의무입니다.

일주일에 다섯 번 칼럼 베껴 쓰기에 도전하세요. 1년 후, 5년 후, 10년 후의 달라진 나를 발견할 수 있습니다.

혼자 있는 시간을 어떻게 보내느냐가 미래를 결정합니다.

기대를 현실로 바꿀 수 있는 힘, 혼자 있는 시간들을 자주 가질 때 사회복지사에게 미래가 있습니다.

6. 나를 알리는 인트라넷 글쓰기

인트라넷(intranet)은 별도의 통신망 없이 기업 내부의 업무를 하나의 네트워크로 연결해 처리하는 시스템기업 등 조직에서 인터넷 기술과 통신규약을 이용해 조직 내부의 업무를 통합하는 정보 시스템을 말합니다(다음백과).

별도의 통신망을 구축하지 않아도 언제, 어디서든 자신이 속한 조직의 정보시스템에 접속할 수 있다는 것이 특징인 인트라넷은 효율성, 학습, 데이터의 정확성이라는 장점이 있는 반면에 직원들이 만든 콘텐츠와 네트워크를 버리지 못하는 단점이 있습니다.

구 분	인트라넷
누 가	직원, 경영진, 이사진
왜	협업, 의사소통, 관찰, 데이터 수집 등
장 점	업무 효율성, 공유, 학습, 데이터 정확성, 스마트워크 핵심 도구 등
위험성	• 직원들이 만든 콘텐츠와 네트워크를 버리지 못함 • 최고 가치의 내부 애플리케이션을 결정하기 위한 실험을 하지 못함

기업, 학교, 관공서, 군대 등에서 조직 내 포털사이트로 활용하는 인트라넷은 의사결정과 소통의 비중이 크게 늘어나면서 스마트워크[8] 핵심

8) 고정된 근무 장소에서 정해진 근무시간에 따라 일하는 방식 대신 정보통신기기 등을 활용해 장소나 시간에 구애받지 않고 일하는 근무방식이다(다음 백과사전).
기업의 입장에서는 업무효율 향상과 유능한 인재 확보, 고객 만족도 향상, 비용 절감 등의 효과를 기대할 수 있으며, 근로자 입장에서는 일과 삶, 일과 가정의 조화를 꾀할 수 있다.
특히 육아나 가사에 부담이 많은 여성 근로자들이 효율적으로 일할 수 있는 방식으로, 일과 가정을 양립시킬 수 있다는 점이 큰 장점이다.

도구로 떠오르고 있습니다.

인트라넷은 일반 포털사이트와 마찬가지로 각종 게시판이나 블로그, 카페 솔루션이 서비스되어 업무 능력을 홍보하거나 특정 분야의 사내 전문가로 활약하기, 사내 여론 리드하기 등 개인의 역량과 잠재력을 사내에 널리 알리는 데 활용할 수 있습니다(송숙희, 2014).

○○재단 ○○○복지관에서는 인트라넷을 이용하여 '사회복지언론보도 모음, 사회복지사의 실천기록, 꼭 알아야 할 예산 상식 등'을 게재하여 직장에서 존재감을 어필하고 있습니다. 하지만 140자의 스마트폰 엄지에 갇혀 사는 사회복지사들은 인트라넷에 글을 올리고 싶어도 글쓰기 능력이 부족하여 활용하지 못하고 있습니다.

본사, 핵심부서에서 근무하지 않고 있기에 존재감을 어필하지 못하는 사회복지사들을 위해 인트라넷 글쓰기를 해보시기를 권합니다. 예로 사회복지사가 알아야 할 40가지, 사회복지사라면 꼭 알아야 할 52가지 법규 등입니다. 사회복지사의 생각이 담긴 칼럼이나 에세이 등 사적인 글도 괜찮습니다. 지금부터라도 일주일에 한 꼭지라도 꾸준히 써서 인트라넷에 올려보시길 바랍니다. 꾸준함이 경쟁력과 신뢰로 다가옵니다.

인트라넷 글쓰기는 나를 쉽고, 빠르며 근사하게 드러낼 수 있는 강력한 도구가 될 수 있습니다. 같은 일을 하고 있는 사회복지사이지만 전문성을 어필하고 특정 분야의 권위자로 포지셔닝하는 데 크게 기여할 것입니다. 석·박사 학위자만이 권위자로 인정받는 것은 아닙니다.

컴퓨터 모니터로 글을 읽은 인트라넷 글쓰기를 작성할 때 참고해야 할 사항이 있습니다.

1) 한눈에 들어오도록 짧게 써야 합니다. 길면 읽지 않습니다. 0.6초 안에 승부를 내야합니다.

2) 신문기사처럼 두괄식으로 씁니다. 요점을 먼저 제시합니다.
3) 깊고 자세한 정보가 필요할 때는 구구절절 다 나열하지 말고 친절하게 인터넷 주소를 알려줍니다.
4) 글씨체나 글씨크기도 중요합니다. 많이 사용하고 있는 글씨체는 굴림체와 돋움체가 있고 글씨크기는 11포인트에서 12포인트로 작성하는 것이 좋습니다.
5) 인트라넷상에서 잘 읽히는 글이 되려면, 글쓰기 코칭 전문가인 송숙희 교수의 인트라넷 글쓰기 공식에 따르면 됩니다.

    (1) 5줄 이내로 작성
    (2) 1줄 25~40자 이내
    (3) 1단락 = 5줄씩
    (4) 1편 = 5단락 = 1,000자 이내
    (5) 11포인트 크기의 돋움체나 굴림체

사회복지사로서의 삶은 고단하고 바쁩니다. 하지만 재단과 기관에서 자신의 존재감을 드러나게 해주는 글쓰기를 일주일에 5편, 한 달에 20편 정도 1년 동안 꾸준히 포스팅한다면 소셜 리더가 될 뿐 아니라 책의 저자(글을 모아 엮음)가 되실 수 있습니다.

『혼자 있는 시간의 힘』의 저자 사이토 다카시의 말처럼 인간은 의외로 무언가를 꾸준히 할 때 가장 상태가 좋고 보기 좋습니다.

7. 글쓰기에 활용하는 씨앗문장 21

≪복지요결 · 복지야성에서 찾은 씨앗문장 - 한덕연≫

1) 남들 하는 대로, 시키는 대로, 얼마 동안은 그렇게 할 수도 있겠으나 오래 하지는 못할 일입니다. 생각지 못하고 알지 못하던 때에는 혹 그렇게 했을지라도 언제까지나 그럴 수는 없습니다. 현실이 어렵다고 마냥 그렇게 할 수는 없습니다.[9]

2) 사람다움과 사회다움

   ① 사람은 자기 삶의 주인으로 살아야 합니다. 사람은 사람들과 어울려 살아야 합니다

   ② 사회는 약자도 살 만해야 합니다. 약자와 더불어 살아야 합니다. 사회는 이웃이 있고 인정이 있어야 합니다.

3) 소박해짐이 발전입니다. 소박해야 뜻이 맑아지고 인정이 자랍니다. 평범한 일상에 녹아듦이 발전입니다. 평범한 일상이라야 평안하고 오래갑니다.

4) 복지는 보이지 않게 해야 합니다.

   복지사업으로 보이게 도우면, 돕는 사람은 빛나는데 받는 사람은 구차해 보입니다. 아니, 받기도 전에 이미 불쌍하거나 문제 있는 사람으로 대상화해 버립니다. 자존심, 체면 품위 따위를 지키기 어렵습니다. 하릴없이 그저 애 같은 노릇, 환자 노릇, 약자 노릇을 하기 쉽습니다. 다 이런 건 아니지만, 조심스럽습니다.

---

9) 사람다움 사회다움, 사회사업 개념 가치 이상 철학, 이런 근본을 헤아리지 않고 시세나 욕구만 좇아 달음질할 수는 없습니다.
문제의 근원이 무엇이며 복지의 바탕이 무엇인지, 어디로 가는지, 잘 가고 있는지, 이런 이치와 향방과 맥락을 살피지 않고는 나아갈 수 없습니다.

5) 관계가 없으면 정이 없고, 정이 없으면 복지도 없습니다.

빈약한 관계는 온갖 문제의 근원이요, 좋은 관계는 온갖 복지의 바탕입니다.[10] 관계만으로 문제나 복지가 결정된다고 할 수 없으나 관계야말로 문제나 복지를 결정하는 핵심 요인임이 틀림없습니다.

6) 복지를 보이지 않게 지역사회에 두루 스미어 흐르게 하고, 보편적이거나 평범하게 하고, 복지 바탕이 살게 하는 방법이어야 합니다.

7) 인사만 잘해도 사회사업은 반을 넘습니다.

당사자에게 인사하되 '당사자의 곳' 그 삶의 현장에 찾아가 인사하면 좋습니다. 당사자의 둘레 사람들까지 만나 인사 나누면 더욱 좋습니다. 찾아가 인사하면 눈이 열리고 마음이 움직입니다. '사람'으로 보입니다. 소중한 존재임을 알게 됩니다. 형편과 심정을 이해하게 되고 강점과 자원과 가능성도 보게 됩니다. 선한 근심과 고뇌, 잘 돕고 싶은 마음, 희망과 용기로 가슴이 뜨거워집니다.

8) 약자일수록 더욱 예의 바르고 더욱 정성스럽게

의사소통이 어려운 사람에게도, 치매노인이나 지적·자폐성·정신장애인이나 알코올 중독자나 어린아이에게도, 묻고 의논하고 부탁하고 감사해야 합니다. 더욱 예를 갖추어 더욱 정성스럽게 묻고 의논하고 부탁하고 감사해야 합니다.

9) 당사자의 삶이 되게

---

10) 관계가 없으면 무정·냉정해집니다. 남의 일이 됩니다. 남의 고통에 눈감을 수 있게 됩니다. 자기 이익을 위해서 남에게 해를 끼치는 일마저 할 수 있게 됩니다. 측은지심을 잃어가고, 양심의 가책에 둔감해집니다. 이런 사회일수록 약자는 더욱 취약합니다. 약자가 소외되기 쉽고, 가난, 질병, 장애, 노화 따위가 문제가 되기 쉽습니다. 관계가 있으면 유정·다정해집니다. 아는 사람의 일이 됩니다. 그 사람의 고통을 외면하기 어려워집니다. 그 사람을 불행에 빠뜨리는 일을 차마 하지 못하게 됩니다. 측은지심이 동합니다. 이런 사회에서는 약자도 살 만합니다. 가난, 질병, 장애, 노화 따위가 문제가 되지 않을 수 있습니다. 관계는 복지 탄력성이요 사회 안전망입니다.

더디고 힘들어도, 어설프고 부족해도, 위험해도, 실수·실패하더라도, '자기 삶'을 살게 도와야 합니다. 당사자의 책임이거니와 또한 당사자의 권리입니다. 당사자가 자기 일, 자기 삶이라고 여기게 해야 합니다. 당사자의 삶이 복지사업에 가리지 않게 해야 합니다. 복지사업보다 당사자의 삶이 돋보이게 해야 합니다.

10) 사회사업가는 사회적 사업으로 사회적 복지를 이루는 사회적 일꾼입니다. 지역사회에 두루 행하며 발로 일하는 사람입니다. 사회사업가의 상징은 '발'입니다.

11) 복지 공해

"그대에게 내가 무엇을 해주면 좋겠소?"

"햇살을 가리지 마시오."

자주성을 흐리고

공생성을 가리는

공해

정신을 병들게 하고

관계를 시들게 하는

공해

12) 행복 목표

행복하게 해주겠다는 목표는 이룰 수 없습니다. 불특정 다수 대상자가 모두 행복하게 되는 목표라면 더욱 그렇습니다. 행복하기를 바라거나 행복하게 해주려는 마음은 가상하지만 사회사업 목표로 삼을 순 없습니다. 애당초 불가능한 목표입니다.

13) 경쟁과 행복

남보다 낫거나 적어도 남보다 못하지는 않아야 행복할 수 있다면, 행복은 남의 불행을 딛고 서는 게 됩니다.

경쟁에는 이기는 사람과 지는 사람이 있게 마련인데, 이 사람을 이기게 돕는다면 지게 되는 저 사람은 어찌합니까?

경쟁 논리에서 비켜서지 않으면, '사람'을 행복하게 해주겠다는 복지사업이 오히려 '사람들'을 불행하게 만듭니다.

사회사업은 경쟁을 돕는 일이 아니라 공생을 돕는 일입니다. 경쟁을 돕는 일이 없을 수는 없으나 사회사업가가 나설 일은 아닙니다.

14) 서비스나 프로그램 과정, 문제나 욕구를 해결하는 과정, 자원을 탐색·개발, 활용하는 과정에 당사자를 주체로 세우지 않으면, 당사자에게 설명하고 묻고 의논하고 부탁하고 감사하지 않으면, 이것이 곧 사람을 대상화하는 겁니다.

15) 사업 규모를 맞추기 위하여, 사업을 유지하기 위하여, 실적을 위하여, 대상자를 확보하고 대상자를 늘리려 합니다. 심지어는 생사람 잡아 복지 대상자 만들기도 합니다. 대상자 쟁탈전도 불사합니다.[11)]

그러나 사회사업은 대상자를 늘리는 일이 아니라, 대상자가 되지 않게 하는 일이요, 대상자를 자기 삶의 주체로 세워 사실상 대상자가 아니게 하는 일이요, 대상자 처지를 벗어나게 하는 일입니다. 복지 객체가 아니라 주체로 세우는 일입니다.

16) 내가 하는 사업을 일을 자랑하기 쉽습니다. 과장하여 뽐내기까지 합니다. 알아주기 바라고 심지어는 감사나 보답을 기대하기도 합니다. 구차합니다. 도와준 일에 대하여는 알아주기를 바라지 말고 오히려 올무를 벗어나는 새처럼 속히 잊어버려야 합니다. 잘한 일이 있으면 자랑할 마음부터 막아야 합니다.

---

11) 크리밍(Creaming) 현상이라 합니다. 크리밍 현상이란 서비스 조직들이 접근성 메커니즘을 조정함으로써 보다 유순하고 성공할 가능성이 높은 클라이언트를 선발하고, 비협조적이거나 어려울 것으로 예상되는 클라이언트를 배척하고자 하는 것을 말합니다.

17) 동료 복지인[12)]

지혜와 지식과 정보, 지지와 격려, 인정과 비판, 도전과 자극을 주고받을 수 있는 사람, 근본을 좇아 실천하고 성찰하는 사람, 꿈과 열정으로 사회복지 하는 사람을 사귀어야 합니다.

18) 책을 보거나 강의를 들어 배우는 바가 있거니와, 특히 사회사업은 경험자에게서 직접 듣고 좋은 선후배·동료들과 함께 절차탁마하면서 얻는 배움이 더욱 절실합니다.

경험자, 특히 고수들에게 직접 들을 필요가 있습니다. 또한 좋은 복지인들을 만나 지식과 정보, 비판적 토론을 나누며 서로 절차탁마하면 배움이 더욱 진보할 겁니다. 사람도 얻고 지식도 얻는 일석이조 방법이요, 사회복지계에 정붙이고 오래 일할 수 있는 비결입니다.

19) 내 책 만들기

어느 분야에서 무슨 사업을 하든

첫째, 그 사업에 도움이 될 만한 문헌을 두루 찾아 읽되, 유용한 문장을 초록합니다.

---

12) 내부 어려움을 극복하는 힘

기관 내부 사정이 좋지 않을 때, 부정적 요소를 희석시켜 버릴 만큼 '긍정적 요소'를 생산 또는 투입해 봅시다.

부정적 요소에 맞서 싸워야 할 때도 있습니다. 그러나 대개 이런 노력은 상처를 주고받습니다. 후유증이 만만치 않습니다. 부정적 요소를 해소하기는커녕 오히려 악화하기도 합니다. 그러므로 긍정적 요소를 늘려서 부정적 요소를 희석시키는 전략을 써봅시다.

긍정적 요소를 내부에서 만들어 내거나 외부에서 들여오면 됩니다. 그 일은 '내가' 하는 게 가장 빠릅니다. 밖에서 좋은 사회복지사들과 적극 교제하며 당사자들과도 더 자주 더 깊게 소통합시다. 그러면 내부의 부정적 요소가 대수롭지 않아 보일 겁니다. 내부에서 그렇게 다투거나 낙심하는 일은 줄어들 겁니다. 그리고 내가 담아 온 좋은 기운이 동료 직원들에게 긍정적 전염, 긍정적 바람을 일으킬 겁니다.

꾸준히 보태고 다듬습니다.

둘째, 관련 현장을 두루 견학하여 경험자에게 자세히 묻고 잘 듣고 자료를 얻어서 이 또한 분류 정리하되 꾸준히 보태고 다듬습니다.

셋째, 그중 좋은 걸 취하여 적용하고 또한 스스로 연구하여 꾸준히 개선·개발합니다.

넷째, 실천 과정과 성과를 기록하되 꾸준히 수정·보완해 나갑니다. 기록은 그때그때 인터넷에 올려서 동료들과 절차탁마합니다.

20) 평가와 보상에 마음 쓰지 않습니다. 명예와 지위, 인정과 칭찬을 얻으려는, 즉 지키려는 마음이 사람을 바쁘게 만듭니다. 이런 것은 남보다 더 바쁘게 뛰어야 차지할 수 있는 겁니다. 공짜가 아닙니다.

21) 살아 있는 한 끝까지 삶이고 싶었다. 그 어떤 이유로든 삶의 주연에서 조연으로 떨어지는 것, 능동적인 의지에서 수동적인 자세로 바뀌는 것, 그것은 정말로 참기 힘든, 더없이 어리석은 짓이었다.

제 7 장

작가로서의 삶을 살다

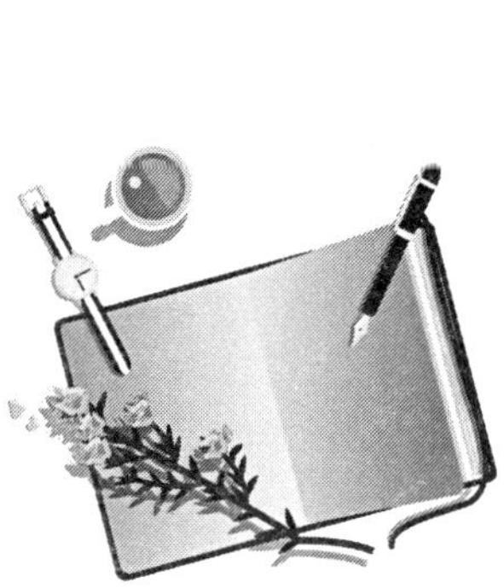

제7장 작가로서의 삶을 살다

1. 가상출판 기념회

사회복지실천기법 중에 'as if' 기법이라는 것이 있습니다. as if, 이것은 '마치 ~인 것처럼 행동하는 것'입니다. 삶을 서둘러 살아보니 뜻하지 않은 일이 발생하거나, 무엇이 안 되거나 못될 때가 있습니다. 그 순간 사람들은 두려움과 공포에 직면합니다. 이럴 때 사용하는 실천기법

이 'as if' 기법입니다. "마치 그 사건이 일어나지 않은 것처럼 행동 해 보세요"처럼 말입니다.

글을 써서 저자가 되고자 하는 사람들의 가슴에 공통적인 걱정 하나가 있습니다. 그 걱정은 '나와 같은 평범한 사람이 쓴 글을 누가 읽을까?' 하는 것입니다. 이때 필요한 것이 '가상출판기념회'입니다. 'as if' 기법을 활용한 가상출판기념회는 평범한 삶을 살아가는 사회복지사들이 아름다운 열매를 딸 수 있도록 해주는 마법과 같은 기법입니다.

마치 두렵지 않은 것처럼 행동하십시오
그러면 당신은 필히 용감한 사람이 될 테니까요

마치 당신이 누군가를 사랑하는 것처럼 행동하십시오
그러면 당신은 필히 사랑을 발견하게 될 테니까요

마치 삶이라는 무대의 주인공처럼 행동하십시오
그로 인해 당신은 삶이라는 무대에서
더 이상 엑스트라가 아닌 주인공으로 우뚝 서게 될 테니까요

- <삶이 나에게 준 선물> 중에서

'as if' 기법은 자기암시(autosuggestion) 이론을 밑바탕으로 하고 있습니다. 나폴레온 힐은 '자기 암시는 일종의 자기 최면이고, 자기 암시는 자신의 생각이나 소원을 의식적으로 잠재의식에 주입함으로써 우리들의 일생까지 바꾸는 힘을 가지고 있다'고 말하고 있습니다.

당신이 계속 글 쓰는 것을 지지하고 원하는 사람들을 초대하여 '가상

출판기념회'를 열어보시기 바랍니다. 위의 사진에서 보는 바와 같이,

첫째, 책상을 준비합니다.

둘째, 실제로 출판기념식을 하는 것처럼 '출판기념식' 문구를 담은 풋말, 꽃, 생수, 물 컵, 볼펜, 메모지, 화분 등을 놓습니다.

셋째, A4용지를 반으로 접어 책이라 가정하고 그 위에 책 제목을 씁니다.

- 약식으로 목차도 만듭니다.

넷째, 책 출판을 기념하는 기념회 또는 간담회라 생각하고 미리 작성해 본 가상보고서와 편지를 읽습니다.

다섯째, 글보다 더 진하고 아름다운 삶을 살아가도록 도와주신 내빈과 참식자들에게 끝인사를 하고 마무리합니다.

한국보건복지인력개발원에서는 2012년부터 '사회복지사의 글쓰기 과정, 복서원'을 운영하고 있고, 그 과정 중의 커리큘럼으로 '가상출판기념회'를 진행합니다. 'as if' 기법을 활용한 '가상출판기념회'를 통해 내가 쓰고자 하는 책을, 혹은 쓴 책을 동료 사회복지사들과 나를 아껴주고 사랑하는 사람들에게 나누어 주고 싶어서 견딜 수 없는 그러한 시간들을 가지시기 바랍니다.

걱정 말아요 그대……, 다 잘 될 겁니다.

'기대가 현실이 되는 순간'이 멀지 않았습니다.

2. 작가로서의 삶

≪내가 가는 길≫

'인생은 너무 복잡해.'
위험을 감수해야 했다.
어떤 길들은 계속 따라가고,
다른 길들은 포기해야 했다.
하지만 최악은 그것이 아니었다.
제일 나쁜 것은 자신이 그 길을 제대로 선택했는지
평생 의심하며 그 길을 가는 것이었다.

- 파울로 코엘료의 ≪브리다≫ 중에서

사회복지사의 글쓰기, 365일 글쓰기가 종점을 향해 달려가고 있습니다. 2014년부터 2016년 7월까지 없는 시간을 쪼개어 글쓰기를 했습니다. 사회복지사의 생각을 시작으로 사회복지사의 책무, 글쓰기, 글쓰기의 용도, 전략적 글쓰기 : 글쓰기의 처음과 끝, 사회복지대학원 학위논문 글쓰기, 현장에서 직접 활용하는 사례 53가지 주제와 작가로서의 삶이라는 목차를 끝으로 글쓰기를 마치려고 합니다.

인간은 '생애주기' 안에서 생을 살아갑니다. 인간의 삶은 봄이 여름을, 여름이 가을을, 그리고 가을이 겨울을, 겨울이 봄을 만나는 것처럼 자연의 질서 속에서 생명이 태어나고, 자라고, 결실을 맺고, 스러짐을 반복합니다. 영아기부터 노년기까지 각 발단단계에 따른 성장과 과업을 수행하면서 말입니다. 각 발달단계에 대한 과업달성만 있을 뿐이지 인간의 삶은 연속의 일상입니다. '마침'이라는 단어가 어울리지 않습니다.

글쓰기 한 문장, 한 단락, 한 문장, 한 꼭지를 마무리해 가면서 이런 생각이 들었습니다. 인간의 삶과 관련된 모든 것은 '마침표'가 아니라 '쉼표'라는 것을 말입니다. 첫 번째 책 『사회복지직 공무원으로 살아가면서 알아야 할 40가지』(2014)에 이어 두 번째 책 『사회복지사의 글쓰기, 365일』 출간을 앞두고 있습니다. 두 번째 책을 내려고 하니 둘레 사람들이 '심 작가'라고 합니다. 하늘로 사라지고 싶은 부끄러운 마음입니다.

그렇다면 작가로서의 삶은 어떻게 살아야 할까요?

수필집 『그냥』의 최원현 작가는 이렇게 말하고 있습니다.

> 삶의 체험이 문학이 되고, 삶을 통한 상상이 문학이 된다. 그렇기에 작가의 삶이 곧 문학이라고 해도 틀린 말은 아닐 것이다.
>
> 작품으로도 존경을 받고, 삶으로서도 존경을 받는 문학인, 우리는 그런 작가를, 그런 작가의 삶을 사랑하고 존경하고 따르고 싶다. 해서 시작한 것이 그런 작가를 찾아 그 분들의 삶을 배우고, 그 삶 속의 문학을 통해 문학을 공부하는 기회를 만들어 보고자 했다. 많은 시간이 필요했다.

작가의 시간은 꿈을 만드는 시간입니다. 작가들의 하루하루가 부족함 없이 풍요롭게 글 쓰는 매일이 되었으면 좋겠습니다. 나와 같이 글 쓰는 사람들이 하는 말을 통해 영감을 얻는 사람들이 더 많아지길 바랍니다.

한편 '내 삶을 책으로 만들기'라는 목표를 세웠고, 그 목표가 저를 잘 이끌어 주었다고 생각합니다. 한편으로는 글을 쓰기 위해 내가 가지고 있는 소중한 것을 소홀히 했지만 후회하지 않습니다. 왜냐하면 인생은

'무언가를 선택하는 대신 다른 무언가를 포기해야 하는 일의 반복'이기 때문입니다.

두 권의 책을 출간하기 위해 몇 년간 글을 써보니 작가의 삶은 아무나 할 수 있는 일이 아님을 깊이 깨달았습니다. 글이 삶과 만나는 일이 쉽지만은 않았습니다. 그래도 또 다음 책을 준비하려 합니다. 다음 책의 제목도 정했습니다.

『사회복지사가 젊은 날에 만나야 할 사람, 생각』입니다.

사회적인 노화현상으로 삶의 반경이 위축되는 만 65세, 즉 직업적이고 사회적인 은퇴가 시작하는 나이 전까지 써야 할 책을 가슴에 품고 다닙니다. 글 쓰는 작업은 많은 양의 책을 읽어야 하기에 쉬운 일이 아닙니다. 그렇지만 사회복지사가 평소에 품은 생각, 내 손에 들어온 삶의 경험, 사회복지대학생의 생각, 대한민국 국민이라면 알아야 할 것 등을 책으로 세상에 내놓고자 합니다.

1) 사회복지직 공무원으로 살아가면서 알아야 할 40가지 II(2024년까지)
2) 사회복지직 공무원으로 살아가면서 알아야 할 40가지 III(2034년까지)
3) 사회복지사가 꼭 읽어야 할 인문서적 100선
4) 사회복지대학생의 길
5) 역사로 이해하는 복지상식 3분

한남대학교 김조년 교수님의 말씀이 생각납니다. '엉뚱한 사람이 되어야 한다. 그래야 어떤 일이든 할 수 있다. 잠자리보다 나비가 되어야 한다. 잠자리는 가는 방향이 정해져 있어 잡기 쉽지만, 나비는 예측 불가능한 이동경로로 잡기가 어렵다'고 하면서 엉뚱해야 뭔가를 할 수 있다고 했습니다.

누에가 뽕잎을 조금씩 먹어 들어가는 것처럼, 점차 조금씩 침입하거나 차지함을 이르는 잠식(蠶食)이라는 단어처럼 조금씩 글쓰기를 하겠습니다. '만남'만큼 소중한 일도 없다고 합니다. 한 번의 만남, 한 순간의 만남이 인생을 바꿔놓기도 합니다. 특별한 책 만남을 통해 살아지는 삶보다 살아내는 삶을 살기를 바랍니다.

그뿐 아니라 사람과 환경 그리고 세상을 긍정적인 눈으로 바라보겠습니다. 부정적인 시각을 가지고 바라본 사람들이 '한 뼘도 진보하지 못한 것'을 보고 깨달았습니다. 가보지도 않고 미리 생각을 단정 지은 사람들이 초래한 결과였습니다.

삶 그 자체가 행복이라 생각하고 소소한 일상을 특별한 선물로 여기며 열심히 사는 '위대한 평민'으로 살겠습니다. 그게 바로 행복 아닐까요? 인간의 궁극적인 목적은 행복이니까요.

|참고문헌|

강원국(2014a). 대통령의 글쓰기. 메디치.

______(2014b). 회장님의 글쓰기. 메디치.

고도원(2013). 위대한 시작. 꿈꾸는 책방.

권대익(2016). 신입사회복지사의 좌충우돌 실천이야기. 푸른복지.

김동선(2004). 야마토마치에서 만난 노인들. 궁리.

김동혁(2016). 신호등처럼. 답.

김세진(2011). 사회복지사 김세진의 독서노트. 푸른복지.

______(2012). 복지관 사례관리 공부노트. 푸른복지.

김영습(2015). 복지관 사례관리팀장이 들려주는 사례관리 수퍼비전. 푸른복지.

김영천(2010). 질적연구방법론 Ⅲ. 아카데미프레스.

김조년(2011). 청춘에게 안부를 묻다. 바이북스.

김지영(2013). 웬만해선 그녀의 컴플레인을 막을 수 없다. 중앙MB.

도향선(2013). 사회복지현장실습이 사회복지실천능력 및 정체성형성에 미치는 영향. 원광대학교 사회복지학과 석사학위논문.

마쓰오카 세이고, 김경균 역(2010). 창조적 책읽기, 다독술이 답이다, 추수밭.

마저리 홈스(2015). 살며 사랑하며 글을 쓴다는 것. 더불북.

문대수(2012). 사회복지사를 위한 사회복지. 푸른복지.

문미숙(2015). 주고 받음. 한국보건복지인력개발원.

박경수(2014). 지금 당장 기획공부 시작하라. 한빛비즈.

박병현(2015). 사회복지로의 초대. 공동체.

박승민 · 김광수 · 방기연 · 오영희 · 임은미(2012). 근거이론 접근을 활용한 상담연구과정. 한국보건복지인력개발원.

송숙희(2013). 최고의 글쓰기 연습법, 베껴쓰기. 대림북스.

______(2015). 직장인글쓰기의 모든 것. 대림북스.

심윤무(2013). 비취업대상 조건부 수급자의 탈수급 의사결정에 관한 근거이론 연구. 원광대학교 사회복지학과 박사학위논문.

______(2014). 사회복지직 공무원으로 살아가면서 알아야 할 40가지. 공동체.

심제천(2012). 공무원 안주는 독이다. 수리원.

안태용(2012). 사회복지현장의 불편한 진실. 푸른복지.

오쿠마 유키코, 노명근 · 노혜련 공역(2010). 노인복지혁명. 예영커뮤니케이션.

오현호(2014). 우리도 행복할 수 있을까. 오마이북.

유나경(2014). 남자보는 눈으로 통달하는 발칙한 글쓰기. 북포스.

유동철 · 장명희(2004). 영화로 보는 사회복지. 양서원.

유시민(2015). 유시민의 글쓰기 특강. 생각의길.

윤영석(2013). 사회복지사의 이직의도 영향요인 연구. 원광대학교 사회복지학과 박사학위논문.

윤태영(2014). 윤태영의 글쓰기 노트. 책담.

이가영(2015). 행복의 공간, 지역복지실천이야기. 한국보건복지인력개발원.

이나모리 가즈오(2010). 왜 일하는가. 서돌.

______________(2013). 일심일언. 한국경제신문사.

이상원(2011). 서울대 인문학 글쓰기. 황소자리.

이오덕(2015). 바른 말 바른 글. 고인돌.

이정우(2010). 불평등의 경제학. 후마니타스.

임승수(2014). 삶은 어떻게 책이 되는가. 한빛비즈.

임정섭(2015). Simple 심플. 다산초당.

전병관(2015). 국가복지에서 동네복지로. 우물이 있는 집.

정문호(2015). 선배가 들려주는 멋진 사무관 되기. 미지디자인.

정병기(2008). 사회과학 논문작성법. 서울대학교출판문화원.

정치경영연구소(2014). 다시태어나면 살고 싶은 나라. 홍익출판사.

정호승(2006). 내 인생에 힘이 되어준 한마디. 비채.

채구묵(2013). 논문작성방법. 원광대학교.

______(2004). 사회과학 통계분석. 양서원.

채옥채(2008). 사회복지사를 위한 질적연구. 신정.

텍스트라디오 · 김은성(2014). 칼럼니스트로 먹고살기. 왓북.

파블로 코엘료, 권미선 역(2010). 브리다. 문학동네.

프랑수아 를로르(2013). 꾸뻬씨의 시간여행. 도서출판 열림원.

한덕연(2013a). 복지야성. welfare.or.kr.

______(2013b). 복지요결. welfare.or.kr

허지웅(2014). 버티는 삶에 관하여. 문학동네.

히사이시 조(2016). 나는 매일감동을 만나고 싶다. 샘터.

John W. Creswell, 조홍식 외 공역(2010). 질적연구방법론. 학지사.

국가기록원. http://www.archives.go.kr

국제교육개발진흥원. http://www.globaleducation.co.kr

그린비출판사. http://www.greenbee.co.kr

다음백과사전. http://100.daum.net

두산백과사전. http://www.doopedia.co.kr

브리태니커백과사전. http://www.britannica.co.kr

서울신문. http://www.seoul.co.kr. 2015년 7월 8일자 기사

위키백과사전. http://ko.wikipedia.org

충북대학교. http://cafe.daum.net/thechungbuktimes

한국보건복지인력개발원 복서원 과정자료. http://www.kohi.or.kr

EBS 다큐프라임. http://home.ebs.co.kr

저/자/약/력

■ **단경(檀景), 심윤무**

심윤무는 사회복지학 박사로 우석대학교 아동복지학과, 서울시립대학교 사회복지학 석사, 원광대학교 박사과정을 졸업하고, 이론과 현장의 간격을 줄이고자 우송대학교 사회복지·아동학부 겸임교수, 한국사회복지행정연구회 정책개발 팀장을 역임했다.

'사람다움'과 '사회다움'의 사회복지실천을 위해 현장에서 노력한 공로를 인정받아 한국사회복지협의회·삼성전자·국민일보에서 주최하는 제32회 새내기 사회복지상, 시장상 3회, 도지사상 2회, 한국 보건인력개발원장상 3회, 보건복지부장관상, 국무총리상을 수상하였다.

저서로는 「사회복지직 공무원으로 살아가면서 알아야 할 40가지(공동체)」, 「아동수학교육(공동체)」, 「다시 쓰는 사회복지개론(21세기사)」, 「읍면동 주요복지사업 업무매뉴얼(보건복지부, 공저)」 등이 있고, 연구논문으로는 '비취업대상 조건부 수급자의 탈수급 의사결정에 관한 근거이론' 박사학위논문과 '복지허브화에 따른 사회복지상담실 활성화 방안 모색' 지방행정연수원 대상논문이 있다.

살아 있는 한 끝까지 삶이고 싶고, 그 어떤 이유로든 삶의 주연에서 조연으로 떨어지는 것, 능동적인 의지에서 수동적인 자세로 바뀌는 것이 싫기에 살며, 사랑하며, 글을 쓰며 살고 있다.

사회복지사의 글쓰기 365일

|저 자| 심윤무

|1판 1쇄| 발행 2016년 11월 5일
|1판 2쇄| 발행 2016년 11월 22일
|1판 3쇄| 발행 2017년 2월 10일
|1판 4쇄| 발행 2017년 4월 20일
|1판 5쇄| 발행 2017년 6월 10일
|1판 6쇄| 발행 2018년 8월 6일
|1판 7쇄| 발행 2020년 3월 10일
|1판 8쇄| 발행 2022년 3월 10일
|1판 9쇄| 발행 2024년 5월 30일

|발행인| 김동훈
|발행처| 공동체

|주소| 경기도 고양시 일산동구 호수로 358-39 동문타워 I 905호(백석동)
|전화| 031) 814-3000(대표)
|팩스| 031) 814-3100
|홈페이지| http://www.compub.co.kr
|전자우편| compub@naver.com
|출판등록| 2005년 10월 6일
|등록번호| 제396-2005-36호

|ISBN| 978-89-6352-420-7
정가 15,000원